구조
조정

최영미 지음

구조조정

지금 우리 헤어지는 중입니다

Just Restructuring

차례

1부　인원 감축에 앞서 무엇을 해야 하나?

2부 인원 감축을 어떻게 잘 할 수 있을까?

3부 인원 감축 이후 무엇이 필요한가?

구조조정에 대한
여러분의 질문은 무엇입니까?

왜 글을 쓰게 되었나요?

기업에서 인사 업무를 하다 보면 많은 일을 겪게 됩니다. 좋은 일들도 있지만 힘들거나 고통스러운 순간들도 생기곤 합니다. 그중 하나가 구조조정인 것 같습니다.

기업은 나름의 이유와 목적을 갖고 구조조정을 결정합니다. 결정이 발표되기 전부터 조직 내부는 뒤숭숭한 분위기가 되어서 구성원들은 업무에 몰입할 수 없는 상황이 만들어집니다. 비밀의 베일이 벗겨지기까지는 누가 구조조정 대상이 될지 알 수 없습니다. 구조조정은 최고경영자, 임원, 관리자, 직원 모두에게 해당될 수 있으므로 불편한 진실이기도 합니다.

구조조정을 흑백논리로 접근하기도 합니다. 구조조정을 이끄는 자는 칼을 쥔 자로 악인이며, 구조조정의 대상이 된 자는 칼에 베인 자로 선인으로 생각하기도 합니다. 그러나 생각해 보면, 칼을 쥔 자조차도 현재의 직장에서 영원히 일할 수는 없습니다. 언제일지 몰라도 모든 사람에게 한 번은 조직을 떠나야 할 시기가 옵니다.

제가 재직했던 회사는 글로벌 기업으로 1980년대 초, 한국에 입성하여 1990년대 후반에 처음으로 구조조정을 하게 되었습니다. 그 당시에 저는 인사 전반적인 제도 기획과 운영을 담당했던 터라 회사는 첫 구조조정 미션을 저에게 주었습니다.

처음에는 시행착오도 많았으나 우여곡절 끝에 첫 구조조정을 무사히 마무리했습니다. 불행인지 다행인지 모르겠으나, 회사에서는 중요한 구조조정이 발생할 때마다 저를 글로벌 인력 감축 프로젝트 리더로 일할 기회를 주셔서 각 나라의 사례와 프랙티스practice를 체득하게 되었고 글로벌 관점에서 큰 시야로 구조조정을 바라볼 수 있는 눈을 갖게 되었습니다.

밖에서 볼 때는 구조조정은 단순히 사람을 자르는 것이라고 생각합니다. 그러나 구조조정은 복잡성의 메커니즘을 지니고 있습니다. 내부와 외부의 많은 이해관계자들이 구조조정에 관여되고, 뜻하지 않은 돌발변수들이 발생하여 회사가 의도한 시나리오대로 움직이지 않을 경우들도 허다하기 때문입니다.

경영진과의 회의에서 가장 많이 사용하는 단어는 "그냥 이렇게 합시다"입니다. 상대방을 설득하여 합의를 이끌어내기보다는, 설득하는 과정을 거치긴 하지만 합의 없이 바로 결론으로 갈 때 사용하는 말이기도 합니다. 회사들은 구조조정에 앞서 여러 방안들을 논의하고 많은 논쟁을 벌이지만, 결국에는 구조조정으로 결정하는 경향이 있습니다. "그냥 구조조정으로 가시죠"라고요.

사실상 구조조정은 그냥 할 수 있는 것이 아니기도 합니다. 구조조정은 모든 노력을 기울이고, 더 이상 출구가 없을 때 사용해야 할 마지막 보루입니다.

처음 구조조정 업무를 맡았을 때는 몰랐으나, 해가 거듭되고 경험이 쌓일수록 구조조정은 시작 단계부터 마무리 단계까지 체계적인 프로세스를 가져야 하고, 각 프로세스에 인사 철학이 담겨야 한다는 것을 배웠습니다.

중견기업과 스타트업에 계시는 대표분들과 구조조정에 대한 얘기를 나눌 기회가 있었습니다. 이 기업들은 구조조정을 실시한 적이 없으나 내부적인 사정으로 구조조정이 필요한데 어디부터 손을 대야 할지 모르겠다고 하셨습니다. 제가 처음에 회사로부터 구조조정 미션을 받고 막막했던 시절이 생각났습니다. 구조조정이라는 말이 금기시되는 상황에서 구조조정을 어떻게 해야 할지 누구에게도 조언을 구할 수가 없었습니다. 매뉴얼 하나 없어서 외국에서 실시하는 구조조정 내용을 공부해야 했고, 내가 하고 있는 일들이 과연 맞는 방향인지를 몰라 수없이 고민하고 헤매기도 했습니다.

회사가 구조조정을 공식 발표하기도 전에 외부에서 먼저 소문이 퍼져 난감한 상황도 있었습니다. 구조조정 이후, 회사를 떠난 구성원들이 일했던 회사에 대해서 나쁜 평판을 만들기도 합니다. 개인적으로 아쉬운 감정들이 있을 수 있으나, 내부적으로 무언가 제대로 작동하지 않기 때문일 수도 있습니다. 구조조정으로 떠나는 이들이 회사에 감사함을 느끼고, 그들이 회사의 로얄 고객이 되기 위해서 조직은 무엇을, 어떻게 해야 할까요?

구조조정을 책임질 때 저 스스로 늘 자문하곤 했습니다. '구조조정을 왜 하지?' '구조조정을 하기 위해서 무엇을 하지?' '어떻게 잘 하지?' 여러분이 구조조정을 고려한다면 저와 같은 질문을 한 번쯤 던져 보시는 것은 어떨지요? 이 책이 이러한 질문에 대한 답을 구하는 데 작은 길잡이가 되었으면 합니다.

어떤 내용으로 구성되었나요?

구조조정에 어떤 내용을 담아야 할까 많은 고민을 했습니다. 구조조정 관련 책 중에서 상당수는 법적인 관점에서 이야기를 풀어냈습니다. 무언가 지켜야 할 사항들, 무언가 하면 안 되는 사항들처럼요. 하지만 구조조정은 사실상 사람들의 이야기입니다. 구성원 관점, 관리자 관점, 경영진 관점, 회사 관점 등 여러 관점들이 얽혀 있는 조직 내의 살아있는 이야기입니다. 제가 국내외 구조조정 업무를 맡아 일한 방식인 세 가지 질문, 즉 구조조정을 왜Why 하는지, 무엇을What 해야 하는지, 어떻게 잘How well 할 수 있는지에 기반해 내용을 풀어보고자 합니다.

구조조정은 민감도와 중요도가 높은 영역입니다. 만약 문제나 이슈가 생길 경우에 내부인 회사와 구성원뿐만 아니라 외부에도 파급력이 크다는 것을 의미합니다. 구조조정이 시작도 되기 전부터 조직은 어수선합니다. 구조조정이 진행되고, 그 이후에도 후유증은 조직과 구성원에게 크게 남아 있습니다.

회사는 구조조정과 관련한 전체 여정을 잘 살피고 관리해야 합니다. 따라서 크게 세 개의 파트로 나누었습니다.

첫 번째 파트는 인력 감축을 하기 전에 무엇을 준비해야 하는지입니다. 구조조정을 하기에 앞서서 많은 일들을 준비해야 합니다. 이 부분이 제대로 되지 않는다면 처음부터 구조조정을 시행하는 데 경고등이 켜지고 그 소식에 사람들은 놀라게 될 것입니다. 조직, 사람, 프로세스, 제도 커뮤니케이션, 전략 등을 중심으로 이야기를 풀어보겠습니다.

두 번째 파트는 인력 감축을 어떻게 잘할 수 있을지입니다. 회사가 구조조정을 실시할 때 단순히 사람을 줄이는 것에만 집중해서는 안 됩니다. 어느 회사든 구조조정을 통해서 다음 단계로 도약하길 원합니다. 하지만 말처럼 쉽지 않습니다. 현실적으로 회사가 구조조정하면서 떠나는 직원, 남아 있는 직원으로부터 신뢰를 잃게 되는 경우가 많이 발생합니다. 무언가 놓쳤기 때문입니다. 국내와 해외 인력 감축 업무를 하면서 겪은 좋은 모범 사례business case, 현장에서 잘 작동했던 프랙티스best practice, 깊은 배움role model을 준 이야기들을 공유하고자 합니다.

세 번째 파트는 인원 감축 이후에 무엇이 필요한지입니다. 구조조정을 마무리한 이후에는 모든 것이 끝났다고 생각할 수 있지만, 조직 입장에서는 이제부터 새롭게 시작해야 합니다. 구조조정으로 인해서 조직과 남아 있는 직원들은 드러나지 않은 상처를 갖게 됩니다. 드러난 상처는 약으로 치료할 수 있으나, 드러나지 않은 상처는 어디에 상처가 있는지를 찾고, 이를 치료하는 데 많은 시간과 노력이 요구됩니다.

조직도 크게 다르지 않습니다. 조직은 남아 있는 직원들과 함께 집중해야 할 부분을 찾고 이를 실천해야 합니다. 결국에는 남아 있는 직원들이 회사를 다음 단계로 도약시킬지를 결정하기 때문입니다.

누가 읽으면 도움이 될까요?

구조조정 하면 어떤 분은 "그거 사람 내보내면 되는 것 아냐?"라고 쉽게 말씀하시거나 다른 분은 "사람 내보는 것 너무 힘들어, 엄두가 안 나네"라고 어려움을 토로하십니다. 누군가가 구조조정 관련 일을 할 수밖에 없는 상황에 놓인다면 이 책이 조금이나마 인사이트insight를 줄 수 있다면 좋겠습니다.

처음으로 구조조정을 접하거나, 구조조정에 대한 체계적인 정보가 필요하거나, 구조조정을 보다 깊이 있게 이해하고자 하는 분들께 조금이나마 도움이 되길 바랍니다. 회사가 처음으로 구조조정을 실시할 예정인 경우, 회사가 이미 구조조정을 실시하고 있으나 무언가 개선이 필요한 경우, 구조조정 대상이 되는 분, 기업에서 구조조정 과정에 어떤 일이 일어나는지 관심 있는 분, 구조조정의 전문성을 배우길 원하는 분, 구조조정으로부터 바람직한 회사를 만들길 원하는 분, 산업이나 기업 규모에 관계없이 구조조정을 실시하고 있는 분, 스타트업으로 처음 구조조정을 실시하여 지침이 필요한 분, 글로벌 기업의 구조조정 프랙틱스를 벤치마킹하고자 하는 분, 해외지사를 둔 외국 인력 구조조정 시 지침을 얻고자 하는 분이라면 분명 도움이 될 것입니다.

1부

인원 감축에 앞서 무엇을 해야 하나?

1

큰 틀에서 구조조정을
바라보나요?

구조조정이 감원 아닌가요?

여러분은 구조조정 하면 무엇이 연상되나요? 구성원들은 회사에서 찍힌 사람, 매니저가 찍은 사람, 저성과자를 내보내는 것이라는 생각이 팽배합니다.

그들의 말을 그대로 전달하면 다음과 같습니다. "회사에서 찍혀서 블랙리스트에 오른 사람을 내보내는 것 아닌가요?" "저는 매니저와 사이가 안 좋은데 이번 기회에 저를 내보내려고 합니다." "우리 팀에서 이 사람은 문제만 만들어요, 일을 줘도 제대로 해 온 적이 거의 없어요. 회사에서 이번에 무언가 액션을 취해야 하지 않나요?"

그러나 내부와 외부에서 구조조정에 대해 바라보는 시선과 내부에서 실질적으로 일하는 방식은 크게 다릅니다. 회사는 이익을 추구하는 조직입니다. 구조조정에서 개인적인 감정이나 집단 성향들이 크게 좌우되기는 힘듭니다. 물론 이 말에 동의하지 못하는 분들도 계실 것입니다. 회사마다 상황이 다르니까요.

주위에서 희망퇴직, 명예퇴직, 조기퇴직 등 여러 이름을 들어보셨을 것입니다. 구조조정에 따른 퇴직 용어를 사용하는 데도 회사는 많은 고심을 합니다. 사용할 퇴직 용어의 뉘앙스에 따라서 상대방이 받아들이는 느낌이 달라지므로 제도를 도입할 때 신중하게 이름을 결정합니다.

한국에서의 자발적인 퇴사 권고의 경우에는 순화된 느낌의 퇴직 명칭이 사용됩니다. 반면 외국의 경우에는 직설적인 의미를 담은 용어들이 표현됩니다. 예를 들면, 인력 감축workforce reduction, 구조조정reengineering, 조기 은퇴early retirement, 다운사이징downsizing, 라이트사이징rightsizing, 스마트사이징smartsizing, 인력 조정workforce balancing, 인력 효율화workforce restructuring 등으로 표현됩니다.

그 외에 경영상의 이유로 강제 퇴사를 요구하는 정리해고와 징계해고가 있습니다. 외국에서는 해고 즉, 레이오프layoff라는 이름으로 불립니다. 어떤 분은 "구조조정이 감원 아닌가요?"라는 말씀을 하십니다.

일부는 맞고 일부는 그렇지 않습니다. 일반적으로 우리가 사용하는 구조조정은 영어로 restructuring입니다. 좁게는 인원을 줄이는 것workforce reduction으로 감원이 맞습니다. 그러나 넓게는 조직을 전체적으로 재설계reorganization 하거나, 업무 프로세스를 개선하는 것reengineering

도 포함하기 때문에 구조조정이 꼭 감원만을 의미하지는 않습니다. 큰 틀인 넓은 의미에서 조직을 바라보고 좁은 의미로서 인력 감축을 다루면서 구조조정 이야기를 풀어보고자 합니다.

인사 철학을 담은 구조조정을

구조조정은 내부와 외부에서 부정적인 인식이 강합니다. 그럼에도 불구하고 회사는 여러 이유로 구조조정이 불가피할 때가 많습니다. 조직 내에서 구조조정이 잘 작동되기 위해서는 구조조정에 인사 철학이 담겨야 하며 이를 통해서 모든 구성원 간에 공감대가 이루어져야 합니다. 그렇다면 구조조정에 어떤 인사 철학이 스며들어야 할까요?

먼저 지원Support 개념을 담아야 합니다. 구조조정으로 회사를 떠나는 직원이 생길 경우, 스스로 그리고 자발적으로 자신의 퇴사를 결정할 수 있도록 지원해야 합니다. 다양한 제도, 방식, 절차로 구조조정 대상자를 진심으로 지원하는 것이 필요합니다.

한 예는 권고encourage가 될 수 있습니다. 구조조정 대상자들에게 앞뒤 내용 모두 생략하고 회사를 나가 달라고 한다면 어떨까요? 대상자는 '멘붕'에 빠지게 되고, 회사의 어느 누구와도 대화를 단절하는 사태가 될 수 있습니다. 퇴사를 고민하는 구성원들을 돕기 위한 커뮤니케이션과 개인 면담이 중요한 이유입니다. 따라서 권고 프로세스로 체계적으로 지원해야 합니다.

다음은 인재를 관리하는 것Talent Management입니다. 구조조정을 하는데 무슨 인재를 관리하느냐고 반문할 수도 있습니다. 근본적으로 회사는 고용의 안정을 중요시합니다. 직원들은 안정적인 일자리를 통해서 성과를 창출하기 때문입니다. 회사는 나름의 이유로 인해서 인력을 줄여야 하는 상황에서도 인재들이 회사에서 일하며 기여하길 원합니다. 따라서 구조조정 중이더라도 회사는 어떻게 인재들에게 일자리의 기회를 제공할지 함께 고려하게 됩니다. 한 예가 내부적인 재배치입니다.

그다음은 복리후생 및 혜택benefits입니다. 구조조정에 따른 퇴사는 일반 퇴사와 달리 고려해야 할 요소들이 많습니다. 보다 경쟁력 있는 보상과 복리후생 및 혜택을 가져야 합니다. 사실상 구조조정 지원자들이 의사결정을 내리는 가장 중요한 부분이기도 합니다. 회사의 재원이 한정되어 있으나, 그 재원 내에서 구조조정 대상자들이 수용할 수 있는 최선의 선택지를 가져갑니다.

마지막으로 배려care입니다. 추상적으로 들릴 수도 있으나, 꼭 기억해야 할 단어입니다. 구조조정의 첫 단계부터 마지막 단계까지의 모든 프로세스에 배려의 마음을 담아야 합니다. 구조조정으로 회사를 떠나는 직원들은 그들이 영예롭게 회사를 떠날 수 있도록 배려해야 합니다. 예로, 구직활동의 지원과 경력 전환 서비스가 그 일환이 될 수 있습니다. 인사 철학 이외에 구조조정의 전반적인 부분에 어떻게 녹아들어 가는지, 이야기보따리를 앞으로 하나하나 자세히 풀어보겠습니다.

구조조정에 앞서 어떤 노력을 했는지요?

회사가 구조조정을 하는 데는 여러 이유가 있습니다. 보편적으로 기업의 실적이 악화되어 정상적인 경영이 힘들어질 때 구조조정을 고려하게 됩니다. 하지만 법에서 정한 정리해고의 범주에는 해당되지 않는 경우가 많습니다.

회사가 어렵다는 말만 하고 바로 구조조정에 들어가 인력을 줄이는 작업을 시작한다면 구성원들은 어떻게 반응할까요? 회사가 왜 사정이 어려워졌는지를 공유하지 않는다면 구성원들이 이해할 수 있을까요? 회사는 왜 힘든지, 이러한 위기를 타개하기 위해서 어느 곳에 어떤 조치를 하는지를 구성원에게 투명하고 솔직하게 알려야 합니다.

가정의 예를 들어보면 쉽게 알 수 있습니다. 집에서 누군가는 일을 하고 돈을 벌 것입니다. 그러나 수입이 줄어든다면, 지출되는 돈도 줄일 수밖에 없습니다. 꼭 써야 될 곳만 사용합니다.

회사도 마찬가지입니다. 매출이 줄어들 경우에는 지출되는 비용을 줄일 수밖에 없습니다. 단순히 비용을 줄이기보다는 큰 틀에서 비용 구조를 살펴보게 됩니다.

비용의 효율화가 가능한 것 중 하나가 인건비입니다. 건전한 비용 구조를 위해서 회사는 임금동결, 임금삭감, 임금반납, 휴직에 따른 무급 등의 다양한 시도를 합니다. 또한 근무 시간 조정을 통해서 유연 근무 혹은 시프트 제도를 활용함으로써 임금의 총액 조정을 가져오는 것도 한 방법입니다.

회사에 따라 차이는 있겠으나, 다음으로 효율화가 가능한 부분이 각종 수당입니다. 늦게까지 일할 때 발생하는 잔업수당, 영업에 따른 인센티브, 특별수당, 직무수당 등 보상제도에 따라 연동된 다양한 수당이 해당됩니다. 힘든 시기를 이겨내기 위해서는 수당의 잠정적인 중단이나 최악의 경우에는 폐지까지 검토하게 됩니다.

모든 구성원이 참여하여 함께 고통을 분담하는 노력을 해야 합니다. 구조조정에 따른 인력 감축이라는 결정은 회사가 모든 노력을 기울여도 안 될 경우에 손을 대는 마지막 보루여야 합니다.

복리후생의 경쟁력은 유지하되 차별적으로

복리후생은 구성원 자신뿐만 아니라 가족에게도 혜택이 주어지기 때문에 상당히 민감한 부분입니다. 회사는 구조조정에 앞서 경영의 악화 정도에 따라서 복리후생을 중지하거나 축소 혹은 폐지 순으로 진행을 하기도 합니다. 비용을 절감한다는 일차원적으로 복리후생을 접근해서 안 됩니다.

시장 대비 제도의 경쟁력을 높이고 직원의 만족도를 향상시킨다는 목표를 함께 고려해야 합니다. 그래야만 구성원의 불만을 줄이고 제도 변경에 따른 직원 수용도를 높일 수 있습니다.

복리후생의 일환으로 주택 구입 시에 직원에게 대출을 지원해 주는 회사가 종종 있습니다. 그러나 회사가 주체가 될 경우에 자금에 큰 부담이 되어서 제도를 폐지했던 적이 있었습니다. 그때 당시 금융권을 제외하고 IT 업계에서는 드물게 제도를 운용하고 있었던 상황이었습니다. 미국 본사에선 시장에서는 많은 회사가 대출 제도를 가지고 있지 않으므로 제도를 폐지하라는 주문을 했습니다. 하지만 이 제도는 본인뿐만 아니라 가족에게 직접적인 영향을 주는 중요한 사항이라서 직원의 반발이 무척 심했습니다. 회사는 대출 제도를 없애는 대신에 대안으로 은행으로부터 대출을 받을 경우 이자의 일부를 회사가 특정한 시기까지 지원해 주기로 했습니다.

대출의 경우 개인별로 신용도가 각자 다르기 때문에 일부 직원은 대출을 받지 못하는 상황이 발생했습니다. 따라서 회사가 몇 개의 은행을 선정해서 개인의 신용도에 문제가 있는 경우에 특정한 약정을 맺어 대출 문제를 해결함으로써 잘 마무리할 수 있었습니다.

일부 임원은 왜 이렇게 힘들게 일하냐며, "그냥 폐지하면 되지"라고 말한 분도 있었습니다. 그러나 이해관계자들의 입장들을 충분히 고려하지 않고 제도를 변경한다면 직원의 반발이 크기 때문에 복리후생의 특수성을 충분히 고려해야 합니다. 단지 비용 절감만을 목표로 한다면 제도 변경이 시작되자마자 큰 후폭풍을 맞게 됩니다.

긍정적인 소통은 구조조정 이전부터

구조조정을 실시하기 이전에 회사는 비용을 절감할 수 있는 노력들을 하게 됩니다. 힘들지만 임금과 복리후생비를 줄여야 할 순간이 오게 됩니다. 회사든, 직원이든 모두에게 고통스러운 순간들입니다.

복리후생의 변경을 잘못 다룰 경우에는 회사와 직원들 간의 신뢰가 한순간에 무너질 수도 있습니다. 최악의 경우에는 법적 분쟁까지 갈 수도 있습니다. 나쁜 상황을 만들지 않기 위해서 몇 가지 중요한 포인트들이 있습니다.

회사가 여러 이유로 구성원에게 제공했던 비용들을 줄여야 한다면 직원들과의 충분한 공감대가 형성되어야 합니다. 왜 비용을 줄여야 하는지를 잘 설득시켜야 합니다.

직원의 임금을 삭감하는 조치들도 생기게 됩니다. 임금 삭감률에 따라서 구성원에게 미치는 영향은 커지게 되며, 삭감률의 결정에서도 합리적인 기준이 적용되며, 투명한 절차로 소통하지 못한다면 큰 저항에 부딪칩니다.

직장에서는 일하다 보면 휴가를 내기가 쉽지 않습니다. 과거에는 사용하지 못한 휴가에 대해서 금전으로 보상하기도 했습니다. 현재는 휴가 촉진을 하여 남은 휴가를 사용하도록 합니다. 휴가는 직원의 건강과 휴식과 연결되어 있고, 이를 잘 사용한다면 직원과 회사의 생산성을 높일 수 있으며 회사의 로열티를 가져올 수 있는 좋은 제도입니다. 그러나 회사가 직원에게 휴가를 독려하는 것에 대해서 '지금 있는 미사용 휴가에 대해서 돈으로 보상도 못 받는데 추가로 휴가를 사용하라니, 어이가 없네'라고 반응한다면 어떻게 될까요?

회사와 직원 간의 힘겨루기가 되기 쉽습니다. 회사는 의도했던, 의도하지 않았든 추가적인 휴가를 사용하는 것에 대한 취지를 직원들에게 잘 소통하지 못한 예가 됩니다. 회사는 직원의 건강을 지키는 차원에서 휴가를 장려하는 것이 우선시 되어야 하나, 비용 절감을 앞세우게 된다면 회사는 미사용 휴가에 대해서 돈을 주지 않기 위한 꼼수를 사용하고, 추가적으로 직원들에게 휴가를 강제하여 비용을 줄이는 의도라고 해석하게 됩니다. 왜 긍정적인 소통이 중요한지에 대한 대목입니다.

휴가와 관련하여 회사에서는 직원들이 가족과 휴식을 취할 수 있도록 휴양지를 갈 경우에 일정한 보조를 하는 프로그램을 한 적이 있습니다. 미사용 휴가의 금전적인 보상을 하지 않는 대신에 휴가 지원 보조 제도를 통해 구성원의 불만을 최소화하였습니다. 사실상 제도 변경에 따른 운영 비용은 회사가 감내할 수 있는 수준이었습니다.

이렇듯, 제도를 없앨 경우에는 직원들에게 줄 수 있는 혜택을 함께 고려해야만 합니다. 회사의 비용 절감만을 위해서 제도의 폐지와 중지만을 밀어붙인다면 결국에는 회사도 직원도 모두 실패를 맛보게 됩니다.

인사제도 올스톱으로 핵심인재의 이탈

일단 구조조정이 시작되면, 인사제도에서 비용과 관련된 부분은 대부분 중지되곤 합니다. 회사가 돈을 지불할 추가적인 여력이 없기 때문입니다. 구성원 입장에서는 화가 나는 대목이지요.

각자 회사를 위해서 열심히 일했는데, 회사가 나를 위해서 무엇을 했는지를 성토하게 됩니다. 나 자신이 감내해야 할 기간이 길수록 불만의 수위는 점점 높아지게 됩니다.

그 일례가 승진 제도일 수 있습니다. 회사는 실적의 저조함으로 인해서 승진을 통해서 직원의 동기부여를 이끌기보다는 전반적으로 승진 제도를 중지하는 경우가 있습니다. 사실상 승진에 따른 보상으로 인해서 회사가 이곳에 투자할 재정적인 여력이 적은 것도 사실입니다. 그러나 승진 중지 시기가 길어질수록 구조조정으로 인한 사기저하까지 더해져 직원들의 불만이 폭발하게 됩니다. 따라서 회사는 승진 제도의 중지에 따른 장단점을 잘 판단하고, 전략적으로 판단해야 합니다. 회사가 비용 절감에만 집중할 경우에는 핵심인재를 잃을 가능성이 높습니다. 특히 구조조정 시기에는 핵심인재에 대한 투자를 병행해야 합니다.

조직은 사람에 의해서 모든 것이 결정됩니다. 우리 조직에서의 핵심인재는 사실상 타 기업에서도 탐내는 인력입니다. 현 조직에 대한 신뢰가 크지 않다면 이들은 타 기업에서의 오퍼가 경쟁력이 높을 때 이직할 가능성이 무척 높습니다. 현재보다 높은 임금과 승진을 제시하기 때문입니다.

실제로, 구조조정을 하다 보면 가장 곤욕스러운 부분이 이들의 지원입니다. 이들은 구조조정 시기에 구조조정에 따른 보상 패키지를 받고 다른 회사로 옮기는 것을 선호합니다. 이들이 구조조정 시에 희망퇴직 신청을 하더라도 회사는 그들의 신청을 승인하지 않게 됩니다. 그러나 이들은 현 회사에 대한 마음이 이미 떠났기 때문에 보상 패키지를 받지 못하더라도 퇴사를 결정합니다. 따라서 구조조정 시기에 핵심인재의 자발적인 퇴사율이 높은 추세를 보입니다.

구조조정에 앞서 핵심인재를 보유하는 전략을 수립하고 다양한 방식으로 이에 대한 대비를 하지 않는다면 회사는 인재 유출의 큰 손실을 경험하게 됩니다.

2
조직을 체계적으로
그리나요?

조직을 디자인해라

제가 이전에 몸담았던 회사는 글로벌 딜로 인해서 합병을 한 적이 있었습니다. 합병Merger은 말 그대로 한 회사와 다른 회사가 합친다는 것입니다. 합친다는 것은 여러 의미를 가지고 있습니다. 합병의 목적은 다양하나 그중 하나는 제품에 대한 시장점유율을 높여 비즈니스의 마진을 극대화하는 데 있습니다.

전략적 제품군에 대한 비즈니스를 지원하기 위해서 기존 조직구조를 크게 흔들지 않고 갈 수도 있고, 새로운 구조를 만들 수도 있습니다. 대다수의 경우에는 새로운 조직구조를 구성하는 것이 일반적입니다. 회사가 조직을 어떻게 가져갈지 즉 조직을 어떻게 디자인할지 준비하게 됩니다.

조직을 디자인하는 것은 조직에 변화를 이끌어내서 비즈니스에 적합한 역량 있는 조직을 만드는 것입니다. 조직을 단순화함으로써 경영의 속도가 붙고 효과성이 높아져서 성장이 가속화될 수 있습니다. 즉 조직의 차터Charter, 조직구조, 인력을 의도하는 대로 변화시키는 것입니다.

조직의 변화를 제대로 그림으로써 제대로 된 구조조정이 이루어질 수 있습니다. 만약 조직의 보고 라인만 변경하고 인원 감축이 이루어지지 않는다면 구조조정일까요? 그것은 구조조정이 아닙니다. 그렇다면 어떤 과정을 거쳐야 제대로 된 구조조정이 될까요? 4S 스탭steps이 도움이 됩니다.

4S 스탭으로 프로세스화

일반적으로 구조조정하면 인력을 줄이는 것에만 집중합니다. 하지만 이것보다 더 중요한 것은 단순한 인력 감축이 아닌 전체적인 조직의 변화를 이끌 수 있도록 체계적으로 준비하는 것입니다. 체계적으로 준비하는 데 무엇이 필요할까요?

4S 스탭 방식을 적용해 보세요. 4S의 약자를 풀어서 설명하면 스코핑Scoping, 스트럭처링Structuring, 스태핑Staffing, 싱크로나이징Synchronising을 대표합니다. 구조조정 시 유용한 방식인 4S 스탭은 조직 설계부터 인원 감축까지의 일련의 과정을 지원하는 구조화된 프로세스입니다.

프로세스 측면에서 4S 스텝, 즉 총 4단계를 거칩니다. 첫 스텝부터 마지막 스텝까지 각각의 단계는 순차적이어야 합니다.

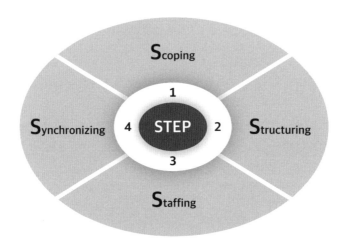

첫 단계는 스코핑Scoping → 두 번째 단계는 스트럭처링Structuring → 세 번째 단계는 스태핑Staffing → 네 번째 단계는 싱크로나이징Synchronizing 입니다.

다시 말해, 비즈니스를 잘 지원할 수 있는 조직으로 디자인하고, 새로운 조직으로 구조화하며, 그 조직에 공정한 절차를 거쳐서 적합한 인재를 선발하고, 선발되지 못한 직원에 대해서는 인력 감축 절차를 통해서 퇴사 혹은 경력 전환을 지원합니다. 그렇다면 각 단계를 자세히 풀어보도록 하겠습니다.

구조조정

스텝 1 조직 정의하기	조직의 차터(organization charter), 조직의 목표(objectives), 성과 지표(metriccs)를 기술한다.	
스텝 2 조직구조 짜기	조직구조를 설계한다. 역할과 책임뿐만 아니라 조직의 범주를 포함 한 포지션을 규명한다.	
스텝 3 조직인력 정하기	준비하기	채용 계획을 세우고 일정을 정한다. 미래의 역량에 기반하여 후보자 풀을 정한다. 소통 계획을 세우고 일정을 준비한다.
	선발하기	미래 필요한 역량에 기반하여 후보자를 측정한다. 후보자를 선발한다.
	통지하기	선발된 자와 선발되지 않은 자에게 통지한다. 인력관리프로세스를 시작한다.
스텝 4 조직 동기화하기	동료 및 파트너들과 함께 최종 마무리하고 검증한다. 조직의 다음 단계로 정해진 일들을 순차적으로 전달한다.	

스텝 1: 조직 정의하기(Scoping)

첫 단계는 스코핑으로, 기준을 가지고 조직을 정의하는 것입니다. 조직을 정의한다고요? 개념이 추상적이라서 잘 와닿지 않을 수 있습니다. 그렇다면 보다 구체적인 질문을 통해서 이해를 돕고자 합니다.

- 조직의 목표는 무엇일까?

- 우리는 어떤 비즈니스를 하고자 하는가?

- 현재의 비즈니스와 향후 비즈니스의 방향성은 어떻게 다를까?

- 향후 비즈니스를 지원하기 위해서 어떤 조직구조가 필요할까?

- 향후 비즈니스에 따른 새로운 조직구조가 잘 운영되기 위해서 어떤 지표로 관리할까?

- 측정치는 재무적인 성장 수치가 될 수도 있고, 고객 관련 지표가 될 수도 있으며, 직원 관련 지표이거나, 시장 관련 지표일 수도 있습니다.

- 새로운 조직이 잘 돌아가기 위해서 어떤 파트너와 이해관계자들과 협력해야 할까?

첫 번째 질문에서 회사가 조직의 목표를 정하는 것은 당연하다고 생각할 수 있으나 현실은 다릅니다. 조직은 대체적으로 목표보다는 구조조정에 따른 감원에 집중하는 경향이 짙습니다. 이런 경우 회사는 왜 구조조정을 하는지에 대해서 본질을 잃어버리게 됩니다.

두 번째 질문인 현재의 비즈니스에 대해서도 되돌아보는 것이 필요합니다. 기존 비즈니스와 향후 비지니스에서의 차이점이 명확해야 하며, 만약에 신사업을 할 경우에도 어떤 SWOT(Strengths강점, Weaknesses약점, Opportunities기회, Threats위협)가 있는지를 파악해야 합니다. 사업 포트폴리오가 정확하게 전달되지 않는다면 비즈니스를 지원하는 조직을 디자인하기가 힘듭니다.

예로 신사업을 통해서 새로운 고객층을 창출해야 한다면 세일즈팀과 마케팅팀이 보다 강화되어야 합니다. 이들을 지원할 데이터 인텔리전스팀은 필수입니다. 신생 조직들에서 발생될 수 있는 시행착오를 줄이기 위해서 사업과 조직의 평가지표들을 잘 설정해야 합니다. 일단 조직을 구성하면 알아서 돌아갈 것이라 착각하는 경우가 많습니다.

평가지표를 설정하는 것은 최고경영자나 경영진이 해야 할 몫이 아닙니다. 실제로 조직이 돌아가도록 움직이는 것은 구성원들입니다. 따라서 어떤 평가지표를 가져갈지에 대해서 구성원들과 협의하며 그들의 생각을 함께 더해야 합니다.

스탭 2: 조직 구조화하기(Structuring)

두 번째 단계는 조직을 구조화하는 것입니다. 조직 구조는 조직 전략을 가장 효과적으로 지원할 수 있도록 설계되어야 합니다. 회사가 신생 조직을 발표하게 되면 임원, 관리자를 포함한 대부분의 구성원은 새롭게 발표된 조직에서 우리 조직이 살아있는지, 조직 박스 안에 누가 있는지에 집중합니다. 왜 이런 조직이 되었는지는 관심 밖입니다.

우리가 일반적으로 보는 조직도에 대해서 생각해 보신 적이 있나요? 조직도에 그려져 있는 박스들은 왜 있을까요?

조직 구조는 이 부분에 대한 답을 찾는 작업입니다.

- 향후 비즈니스에 어떤 포지션이 필요하고
- 포지션의 역할과 책임이 무엇이며
- 포지션을 지원하기 위해 어떤 인력이 구성되고
- 예산이 얼마나 소요되는지를 수립합니다.

첫 번째 단계에서 명확한 미래 비즈니스 포트폴리오를 가지고 있지 않다면 조직 구조를 구체화하기 어렵습니다.

두 번째 단계는 더욱더 모호한 작업이 될 것입니다. 조직도의 박스는 자리를 위한 자리가 될 것이며, 박스에 앉히는 인력의 경우에도 그 나물에 그 밥이 될 것입니다. 조직이 원하는 새로운 변화는 먼 나라의 얘기가 될 뿐입니다.

향후 비즈니스에 대한 명확한 포트폴리오가 있더라도 조직 구조를 가져갈 때는 단지 몇 사람들이 의사결정을 해서는 안 됩니다. 이해관계자들과의 논의를 통해서 조직도에 박스가 필요한 이유를 검증해야 합니다.

글로벌 기업의 경우에는 단순한 조직구조보다는 상당수 기업들이 매트릭스 조직으로 구성되어 있습니다. 실질적으로는 훨씬 복잡한 조직구조로 구성됨을 의미합니다. 예로 비즈니스의 영업조직을 구성할 경우에도 국내 영업조직뿐만 아니라 아시아태평양본부의 영업구조도 함께 고려하게 됩니다. 영업을 총괄하고 책임지는 리더가 국내 리더들과 일할 뿐만 아니라 아시아태평양본부의 리더들과 함께 일하기 때문입니다. 따라서 국내뿐만 아니라 국외의 이해관계자들과의 논의와 협업이 더욱 필요합니다.

스탭 3: 적합한 인재 선발하기(Staffing)

새로운 조직구조를 완성한 다음에는 조직도의 박스에 적합한 인력을 선발하고 확정하는 단계를 가지게 됩니다.

여러분들이 속한 기업들은 필요한 포지션에 사람을 선발할 때 어떤 절차를 거치나요? 구조조정에 따른 조직도를 그릴 경우에는 보다 민감할 것입니다. 따라서 조직도의 박스에 누군가를 선발할 때 절차적 공정성이 요구되는 이유이기도 합니다.

조직도의 박스에 요구되는 포지션에 부합하는 인력을 선발하기 위해서는 공정한 선발 프로세스를 가져가야 합니다. 어떤 회사는 모든 포지션에 최고의 인재만을 발탁해야 한다고 강조하는 곳도 있습니다.

사실상 정답은 없습니다. 최고의 인재라고 해서 조직이나 비즈니스에 잘 맞는다는 보장도 없습니다. 조직의 문화와 비즈니스에 잘 맞는 적합한 인재가 회사 입장에서는 최고의 인재이기도 합니다. 인재를 보는 관점은 회사에 따라서 차이가 있을 수 있습니다. 따라서 우리 회사는 어떤 역량을 지닌 인재가 필요한지를 구체화해야 합니다. 이를 위해서 몇 가지 사항들을 고려해야 합니다.

- 미래에 집중할 역량이 무엇인지를 정합니다.
- 미래 역량에 부합하는 후보군을 만듭니다.
- 후보군을 선발할 의사결정자를 정합니다.
- 한편으로는 각종 서류와 인터뷰 등 다양한 방식으로 후보군을 선별할 수 있도록 채용 계획을 세웁니다.
- 포지션에 적합한 사람을 적시에 확정하기 위해서 채용계획 이외에 일정을 구체적으로 정합니다.
- 포지션에 필요한 역량의 경우, 회사의 전사적인 리더십 역량과 포지션의 역할에 관한 구체적인 직무역량을 함께 평가합니다.
- 후보군에서 적합한 인재가 있다면 선발하는 프로세스를 가집니다.
- 선발 프로세스에 따라서 후보군 중에서 최종 확정자를 정하고 해당자에게 통지하게 됩니다.

선발 프로세스에 따라서 후보군이나 선발되지 못한 구성원에게 통지를 합니다. 선택되지 않은 직원은 회사가 준비한 인력 관리 프로세스가 적용됨을 알립니다. 이 단계에서는 포지션을 얻은 자와 그렇지 않은 자가 구분됨에 따라서 인력 감축을 위한 준비가 실질적으로 시작됩니다.

구조조정

스탭 4: 조직을 동기화하기(Synchronizing)

마지막 단계인 조직 동기화는 가장 중요한 부분입니다. 왜 조직 동기화가 필요할까요?

구조조정에서 해야 할 일들이 무수히 많습니다. 이해관계자들이 구조조정에 관여되며, 이들은 복잡하게 연결되어 있습니다. 따라서 조직이 싱크로나이징 즉, 동기화되는 것이 필요합니다. 다시 말해, 구조조정과 관련된 모든 일이 원활하게 이루어지고, 이해관계자들 간에 조화롭게 일들이 수행되길 원합니다. 즉 싱크로나이징이 잘 되길 원합니다. 이러한 바람이 현실화되기 위해서는 이해관계자 주체별로 역할과 책임이 분명히 정해져야 합니다.

사실상 조직에서 주체별로 역할과 책임을 정하더라도 조직을 싱크로나이징 하는 것은 가장 힘든 부분입니다. 그렇다면 각 이해관계자 주체별로 어떻게 잘 싱크로나이징 할 수 있을까요?

조직 구조와 과업 측면에서, 수평적으로 그리고 수직적으로 잘 연계될 때 조직이 싱크로나이징이 잘 되었다고 봅니다. 몇 가지 예시를 들어보겠습니다.

인사 부문의 경우, 구조조정에 따른 수평적 연계Horizontal alignment로 해야 할 일들을 동료들과 파트너들과 함께 빠짐없이 확인하고 완료하는 것입니다.

구조조정에 따른 수직적 연계Vertical alignment는 완성이 필요한 일의 범주, 구조, 스탭을 중심으로 다음 단계를 살피는 것입니다. 다시 말해 구조조정에 따른 조직 구조를 정한 다음에 인력을 선발하도록 준비하고 실행하는 것을 의미합니다. 인사에서는 이러한 수평적 연계와 수직적 연계를 통해서 업무의 완성도를 높일 수 있습니다.

또 다른 예는 비즈니스 리더입니다. 구조조정 시 이들은 가장 주요한 이해관계자가 되므로, 이들의 역할은 무엇보다도 중요합니다. 이들에게서 싱크로나이징은 무엇을 의미할까요?

비즈니스 리더는 구조조정에서 전략을 수립하고, 조직구조와 인력 선발에 대한 책임과 역할이 주어집니다. 따라서 중요 파트너와 함께 비즈니스 전략에 대한 수립뿐만 아니라 세부적인 실행 계획을 함께 동반합니다. 즉 수평적인 연계를 통해서 전략을 확실시합니다. 수직적 연계의 경우에는 비즈니스 전략이 수립된 이후에는 차상위 관리자에게 전략을 전달하고 이에 대한 승인을 득합니다. 최종적으로는 경영진의 승인을 득함으로써 수직적 연계를 마무리할 수 있습니다.

이전에 영업부서에 대한 구조조정을 한 적이 있었습니다. 제품군은 빠르게 변화하는데 비즈니스 조직 구조가 적절하게 반영되지 못해서 시장에서 경쟁력이 뒤처지게 된 적이 있었습니다. 비즈니스 리더는 시장의 큰 흐름을 간과하고, 현재의 제품에만 집중한 전략을 수립했고 기존의 조직도를 약간만 변형하였습니다. 하지만 시장은 이미 너무 빨리 변한 상태였습니다. 비즈니스 리더가 집중한 제품군은 이미 사양 제품에 속하게 된 것이죠.

회사에서는 매출은 작으나 새로운 흐름을 담은 신제품에 대한 집중을 담은 조직구조가 필요한 시점이었습니다. 비즈니스 리더는 중요 파트너와 협의 없이 단독으로 전략을 수립하여 결국에는 실패 사례를 남기게 되었습니다. 사실상 구조조정에 따라 회사가 원하는 결과를 성공적으로 가져오지 못한 이유이기도 했습니다. 구조조정 시에 수직적 연계와 수평적 연계가 조화된 조직 싱크로나이징이 중요한 이유입니다.

3

구조조정 시
어떤 역량을 지닌 자가
조직에서 살아남나요?

구조조정이 시작되면 많은 소문이 돌고, 직원들은 자신들끼리 살생부를 만들어 예측하고는 합니다. '우리 상무가 팀장을 너무 싫어하잖아, 자기 말 안 듣고, 마음대로 한다고, 이번에는 팀장 아마도 잘릴 거야.' '저 친구 지난번에 큰 사고 쳤잖아, 새로운 프로젝트에 저 친구 투입한다고 하는데 다른 부서 사람들이 모두 반대하더래. 일하기 힘든 친구라고. 아마도 이번에는 사단이 날 것 같아.' '우리 팀 해산된다는 소문 있던데, 잘나가는 그 본부장 아래 직원들은 다 살겠네. 저 직원들은 좋겠네. 이번 구조조정에서 피할 수 있어서.'

여러분이 몸담고 있는 회사는 어떠한가요? 이러한 일들이 일어나고 있나요?

구조조정은 특정한 사람에 집중하기보다는 해당 업에 집중합니다. 구조조정은 과거의 결과에 집중하기보다는 미래에 집중합니다. 미래의 비즈니스를 만드는 것은 결국은 구성원들입니다. 구조조정으로 조직에 필요한 인재를 선발해야 하며, 특히 미래에 필요한 역량을 보유한 자를 뽑는 것이 중요합니다.

글로벌 기업의 경우에는 크게 두 가지 역량을 요구합니다. 첫째는 구성원이 갖추어야 할 리더십 역량입니다. 둘째는 직무 자체적으로 구비해야 할 역량입니다. 직무 자체적인 역량은 해당 비즈니스와 제품군에서 필요한 구체적인 기술 역량과 스킬을 요구합니다.

그러나 아무리 직무적인 역량이 뛰어나도 리더십 역량을 제대로 갖추고 있지 않다면 조직에서 오랫동안 성과를 내기가 쉽지 않습니다. 조직은 구성원과 관리자들이 리더가 되길 바라며, 그들에게 필요한 역량과 행동에 집중합니다. 그렇다면 구조조정에서 조직이 선택해 살아남은 구성원의 공통된 역량은 무엇일까요?

직무에 필요한 역량은 비즈니스와 제품에 따라서 각각 달라집니다. 따라서 리더십 역량을 중심으로 저의 경험을 나누고자 합니다. 많은 역량이 있을 수 있으나, 경험에 비추어보면 조직에서는 대표적으로 세 가지 역량을 지닌 구성원을 선택합니다. 구성원들이 이 역량을 모두 갖추는 것이 바람직하나, 사실상 세 가지나 되는 역량을 함께 보유하는 것은 쉬운 일이 아닙니다. 따라서 한 가지 역량이 뛰어나도 조직에서 살아남을 확률이 높습니다.

첫 번째 역량은 문제를 끝까지 책임지는 것입니다. 일을 하다 보면 예상치 못한 문제들이 툭툭 튀어나옵니다. 회사에 긴급하고 중요한 문제일 경우에는 적시에 의사결정을 하고 적절한 행동을 취해야 합니다.

두 번째 역량은 고객을 향한 열정입니다. 업무를 통해 고객이 우리를 믿을 만한 파트너임을 인정하도록 하며 고객의 요구에 늘 귀를 기울이고 이를 실행합니다.

마지막 역량은 혁신입니다. 혁신적인 제품을 기획하거나 복잡한 문제를 보다 새롭고 다르게 처리하는 것입니다. 보다 구체적으로 이세 가지 역량에 대해서 설명하겠습니다.

문제를 끝까지 책임지나요?
(Always accountable 역량)

대부분의 구성원과 관리자들은 자신이 맡은 일에 책임을 집니다. 그러나 간혹, 자신의 일에 책임을 지지 않는 모습이 목격되기도 합니다. 상사나 팀원, 혹은 회사나 제도를 탓하면서 문제가 일어나거나 실패한 이유를 남의 탓으로 돌리기도 합니다.

제일 중요한 것은 내부 환경과 외부 환경이 어떻게 변해도 자신이 맡은 일에 대해서 끝까지 책임을 지는 것입니다. 자신의 업무에 성실하게 일하고 좋은 결과물을 낼 수 있도록 최선을 다하고 행동하는 것입니다.

사실상 각자 자신이 맡은 일에 대해서 책임을 진다는 것이 쉬워 보여도 무척 어렵습니다. 구성원 이외에 리더나 관리자들도 때에 따라

구조조정

서는 일부 책임을 지지 않는 모습을 직원들에게 보이곤 합니다. 따라서 리더뿐만 아니라 구성원들이 이러한 역량을 보유했는지 판단하고 선발하는 것은 쉬운 일이 아닙니다.

만약에 이러한 역량이 부족한 직원이나 관리자를 뽑는다면 어떻게 될까요? 문제가 생길 때마다 나의 책임이 아님을 변명하기 때문에 팀의 성과는 물론 팀워크에 큰 상처를 입히게 됩니다.

구조조정으로부터 조직이 새로운 변화를 이끌 때 수많은 난관과 풀어야 할 숙제가 넘쳐납니다. 구성원이 이 역량을 제대로 지니지 못한다면 다음 단계로 나기기 힘듭니다. 미래에 어떤 비즈니스를 하든지 토대가 되는 역량이기도 합니다.

고객을 최우선으로 생각하나요?
(Passion for customer 역량)

회사는 제품을 고객에게 판매합니다. 제품과 서비스를 제공하면서 문제들이 발생하기 마련입니다. 문제는 고객이 요청하기 전에 예방하고 지원하는 것이 가장 좋습니다. 그러나 상황이 여의치 않아 고객이 문제해결을 요청할 경우에는 즉시 답을 하거나 시간이 필요할 경우에는 어떤 이유로 시간이 필요한지, 언제까지 답을 할지 전달합니다.

제공한 해결책에 대해선 고객이 만족했는지 확인합니다. 문제를 해결한 이후에도 사후 점검을 지속적으로 하며, 고객을 위한 모든 노력을 기울입니다. 고객은 문제의 접점에 있었던 전반적인 과정을 통해서 그들이 만족스러울 때 우리를 믿을 만한 파트너로 인정하게 됩니다. 형식적인 파트너가 아닌, 마음속 진심으로 인정하는 파트너 관계가 됩니다.

만약 고객이 요구한 사항에 대해서 변명을 하면서 문제를 늦게 해결한다면 어떻게 될까요? 향후에 고객과의 비즈니스 관계를 만들기는 쉽지 않게 됩니다. 구성원들이 고객을 최우선으로 대하지 않는다면 성공적인 비즈니스가 되기는 힘듭니다. 따라서 고객 지향적인 역량을 지닌 구성원들을 선발하는 것은 비즈니스 성공에 중요한 잣대가 됩니다. 구조조정에 따른 비즈니스에서 특히 중요한 역량입니다.

기존의 틀을 깨는 혁신적인 생각을 하나요?
(Highly innovative 역량)

일반적으로 사람들은 현실에 안주하는 경향이 있습니다. 조직에서 변화를 주도하고자 해도, 변화를 수용하고 따르는 이는 생각보다 많지 않습니다. 혁신은 기존의 틀을 깨거나, 현재로부터의 더 나은 모습을 시도할 때 이루어집니다. 폐쇄되고, 경직된 조직일수록 혁신을 만들기가 쉽지 않습니다. 획일화된 사고를 지닌 조직일수록 유연한 사고를 방해하기 때문입니다.

외부 환경이 급격히 변하고 있습니다. 내부 조직에서 외부의 변화되는 속도와 보조를 맞추기는 어렵습니다. 그러나 혁신적인 마인드를 지닌 인재가 조직 내에 있다면 변화들에 빠르게 적응할 수 있고, 현재의 상황보다 더 나은 모습을 가져올 수 있습니다.

조직이 혁신적이 제품을 개발하는 것은 내부 직원으로부터 시작되는 경우가 많습니다. 또한 업무면에서 혁신도 내부 직원으로부터 비롯됩니다. 구조조정에서 혁신적인 역량을 지닌 인재를 선발하는 것이 중요한 이유입니다. 여러분의 조직은 어떤 역량을 지닌 구성원이 필요하신가요?

직무에 필요한 구체적인 스킬을 보유하나요?

조직에서는 리더십 역량 이외에 직무에 필요한 구체적인 역량과 스킬을 보유한 자가 필요합니다. 구조조정에 따른 조직의 변화는 직무에서의 변화를 의미합니다. 없어지는 조직, 새로 생기는 조직, 변경되는 조직에 따라서 업무의 변경도 필수적입니다. 따라서 관리자는 역량 양식에 직무 역량을 기술하는 것이 필요합니다.

구조조정 이후의 미래 비즈니스는 어떤 직무가 필요하고, 각각의 직무에 따라서 어떤 역량과 스킬이 요구될까요? 구조조정 시 이를 구체적으로 기술하고 관리해야 합니다. 관리자들이 보다 쉽게 이해하고 이를 기술할 수 있도록 워크북 형태의 관리를 추천 드립니다.

4

조직은 남을 자를
어떤 잣대로 결정하나요?

선발원칙(Selection guiding principles)이 있나요?

조직에서 직무에 필요한 미래 역량이 정해졌다면 다음 순서는 구성원이 보유한 역량을 판단할 공정한 선발원칙을 가져가는 것입니다.

5가지 측면에서의 역량을 살핍니다. 기술, 능력, 지식, 경험, 성과 측면에서의 역량을 보유한 직원을 선발합니다. 기술, 능력, 지식, 경험들은 각 직무에서 요구하는 내용이 각기 다릅니다. 직무에 관련된 구체적인 기술 역량은 미래 결과를 달성하는 데 요구됩니다.

3장에서는 리더십 역량을 소개한 바 있습니다. 구조조정에서는 리더십 역량과 직무 역량을 함께 고려해야 합니다. 그렇다면 이 역량들을 어떻게 배분해서 평가할 수 있을까요?

제가 경험한 회사는 리더십 역량에 30%, 직무 역량에 70% 가중치를 두어서 평가했습니다. 사실상 각 구성원들은 그들이 맡은 업무에서 전문성을 발휘해야 하므로 직무 역량이 보다 중요합니다. 하지만 해당 업무의 성격에 따라서 가중치 비율을 다르게 적용할 수 있습니다.

예로 직무 역량을 60%로 두는 사업부도 있었습니다. 관리자의 경우에는 직무 역량보다는 리더십 역량의 가중치가 높아지게 됩니다. 기본적으로 선발원칙이 있으나 기업의 상황에 따라서 정하면 좋습니다.

어떤 기업은 리더십 역량만을 보는 곳도 있고, 다른 곳은 직무 역량만으로 판단하는 경우도 있습니다. 무엇이 되든, 회사는 명확한 선발원칙을 지니고 있어야 하며, 이를 조직 내에서 잘 작동시켜야 합니다. 여러분의 회사는 어떤 선발원칙을 지니고 있을까요?

포지션에 적합한 후보자 선발(Selection)하나요?

구조조정에 따라 조직의 포지션에 적합한 후보자를 선발하는 데 나름의 철학이 있어야 합니다. 다시 말해, 가장 우수한 내부와 외부 인재를 보유하고, 고성과 조직이 되도록 최고의 인재를 채용하며 조직전략에 적합한 인재를 혼합The appropriate blend of talent하고 다양성과 포용성 전략을 염두해야 합니다.

사실상 조직전략에 적합한 인재를 혼합하고 다양성 전략을 고려하는 것은 현실적으로 어려움이 많습니다. 최고경영자는 이러한 위험에 대한 고민이 크며, 특히 구조조정 이후는 더욱 그렇습니다.

새로운 사업부를 만들고 내부가 아닌 외부에서 젊은 리더를 투입한 적이 있었습니다. 젊은 리더는 미래 역량에서 잠재력이 높은 후보자였고, 그가 지닌 직무 스킬과 리더십 역량도 뛰어났습니다.

역량 점수에 기초하여 내부와 외부 후보자군을 인터뷰했으나, 이 후보자의 인터뷰 점수가 월등히 높았습니다. 리더십 역량뿐만 아니라 보유한 기술, 능력, 지식, 경험과 성과면에서 고르게 높은 점수를 받았습니다.

결국에는 이 후보자로 결정이 되었습니다. 구조조정으로 인해서 조직 변화에 따른 포지션에 적합한 후보를 선발할 때는 선정된 후보군들의 인터뷰 점수를 관리하는 트래킹 툴을 가져가는 것이 좋습니다. 후보자들의 직무 역량과 리더십 역량을 측정하고, 역량의 총 점수를 관리하는 방식입니다.

인터뷰 점수 관리 트래킹 툴		
후보자 이름	구체적인 직무 역량과 스킬	리더십 역량	역량 측정 총점
	미래 업무 성과를 달성하는 데 요구되는 스킬과 구체적인 직무에 필요한 기술 역량	미래 업무 결과가 어떻게 달성되는지와 관련된 스킬과 선발 역량	

왜 관리자의 역할이 중요할까요?

어떤 기업은 구조조정팀이 있어서 팀이 모든 것을 관리하는 경우도 있습니다. 하지만 구조조정은 결국 구성원들과의 관계가 중요하기 때문에 직속 매니저가 관여하고 필요한 것을 회사가 지원하는 형태가 가장 바람직합니다.

직속 매니저는 비즈니스 리더가 수립한 전략과 조직구조뿐만 아니라 조직구조에 맞는 인력 선발에 있어서 동료 및 중요한 파트너인 주요 본부 혹은 기능 리더들과 함께 조율해야 합니다. 즉 수평적 관계를 잘 연계해야 합니다. 또한 직속 매니저는 상위 리더에게 보고하고 승인을 득하는 위치에 있기 때문에 수직적 관계에서도 잘 연계하는 것이 필요합니다.

직속 매니저는 다른 조직에서 관련 팀dependencies을 파악하고 관리해야 합니다. 만약 내가 영업팀에 속한 경우라도 그 외에 운영팀, 인사팀, 재무팀 등 결국에는 이들로부터 도움과 지원이 필요한 경우들이 많기 때문입니다.

수평 기능 리더Horizontal function leaders는 기능에 관한 조직설계를 책임집니다. 글로벌 기업에서는 비영업에 해당되는 부문들이 분리되어 있습니다. 즉 인사 리더, 재무 리더, 운영 리더 등 별도의 구조로 움직이기 때문에 구조조정에서 비즈니스 리더와 기능 리더는 함께 구조조정을 실행하는 책임이 있습니다.

인사 매니저는 구조조정 프로세스가 제대로 돌아가는지를 살펴보고 변화된 조직에 발탁할 인력 선발에 최고의 인재나 가장 적합한 인재가 포함되도록 해야 합니다.

5

조직은 떠날 대상자를
어떻게 검토할까요?

회사 탓일 수도, 나의 업무 평판 때문일 수도

회사에서 구조조정이 시작되면 구성원의 가장 큰 관심사는 나의 조직과 내가 구조조정 대상자가 되는가입니다.

회사가 비즈니스 자체를 통폐합하거나 변경함에 따라 내 자리가 없어지거나, 비즈니스 전략의 실행으로 내 자리가 없어지거나, 비용의 효율화로 인해서 내 자리가 없어지거나, 신기술의 대두로 요구되는 스킬셋의 변화로 내 자리가 없어지는 경우가 발생합니다. 비즈니스 측면, 전략적 측면, 비용적 측면, 기술적 측면에서 구조조정이 이루어지게 됩니다. 비용의 효율화를 예를 들어보겠습니다.

글로벌 기업은 업무의 표준화와 비용의 최적화를 중요시합니다. 업무를 프로세스화하고 매뉴얼화하여 어느 나라에서든지 일처리를 하도록 표준화하는 작업이 많습니다. 예로 월급을 지급하거나 경비를 처리하는 등 거래 위주의 업무에 집중합니다. 한국을 포함한 아시아 주요 나라들의 거래 위주 업무를 인건비가 낮은 나라인 말레이시아로 옮기고 구조조정을 한 적이 있었습니다. 이런 경우는 전사적인 구조조정이 아닌 특정한 부서가 구조조정 대상자로 검토됩니다.

월급 혹은 경비를 처리하는 직원도 대상자이지만, 재무부서가 검토 대상이 됩니다. 특정한 업무가 해외로 이전하지만 경리 혹은 재무부서 전체의 조직 변경이 필수적이기 때문입니다

대상자를 검토하는 과정에서 개인의 업무 평판이 중요합니다. 조직 발표 이후에 하나의 오픈 포지션에 대해서 2명의 최적의 내부 후보자가 있었습니다. 그중 한 명만이 선택되므로 다른 한 명은 구조조정 대상자가 될 수밖에 없었습니다.

인터뷰에 참여한 의사결정자들은 이들에 대해서 많은 논의를 했습니다. 대다수는 다음의 의견에 동의하고 한 명을 결정했습니다. 한 명은 비즈니스에 대한 이해도가 높고, 해당 분야의 전문성이 돋보였습니다. 전문성이 높다 보니 주어진 큰 문제들도 잘 해결하고, 고객과의 복잡한 문제들도 회사의 입장과 고객의 입장을 잘 조율하면서 대안을 제시했습니다. 동료들과의 협조에서도 리더십을 잘 발휘했습니다.

다른 한 명의 후보자도 비즈니스에 대한 이해도가 높으나, 상대방 후보만큼의 전문성을 잘 지니고 있지는 못했습니다. 특히 고객과의 분쟁에서 상대방에게 대안을 제시하기보다는 문제를 막기에 급급했습니다.

회사에서 일하다 보면, 자신이 하는 일들을 상대방이 잘 모를 것이라는 착각을 합니다. 하지만 업무를 통한 내부 평판으로 자신은 늘 평가되고 있습니다. 누가 어떤 일을 어떻게 처리하는지 주위 사람들은 알고 있다는 것이지요.

인터뷰에서 탈락한 다른 한 명은 아쉽지만 이 사실을 잘 알지 못하고 있었습니다. 나중에 들은 얘기이나, 자신이 인터뷰에 참여한 사람들과 줄이 없어서 탈락했다는 얘기가 돌더군요.

동일한 조건인 경우 비용이 좌우할 수도

구조조정을 하다 보면 대상자를 결정하는 데 많은 애로가 발생합니다. 포지션에 적합한 내부 직원을 결정할 때는 지식, 능력, 기술뿐만 아니라 성과를 살펴봅니다. 조직 내에서 어떤 성과를 냈는지는, 향후에도 잠재력을 가늠하는 데 중요한 척도이기도 합니다.

구조조정을 마무리한 이후 조직은 각 팀에 필요한 인원수와 가용할 수 있는 비용들이 정해지게 됩니다. 따라서 경영진은 조직을 어떻게 효과적으로 운영할지를 고민하게 됩니다.

글로벌 기업은 보통은 직무급의 연봉제로 운영됩니다. 연봉제는 시장가격 대비 포지션별 임금이 조사되어 임금구조가 결정됩니다. 내가 달성한 성과 결과에 따라서 나의 임금 인상률이 정해집니다.

조직 변경으로 기존 두 개의 포지션이 하나의 포지션으로 줄어들어서, 비슷한 직무에서 비슷한 성과를 내는 2명의 대상자가 구조조정에서 검토된 적이 있었습니다. 한 명은 시장가보다 훨씬 높은 임금을 받고 있었습니다. 그들의 스킬, 능력, 성과가 비슷할 때, 높은 임금을 지닌 직원이 대상자로 검토되기도 합니다. 즉 임금 중간값 기준 대비 현재의 임금이 얼마나 높은지가 고려요소가 됩니다. 이는 조직이 지닌 비용이 제한적이기 때문에 한곳으로 집중할 경우 다른 곳에 사용할 돈이 줄어들기 때문입니다.

다음은 고과가 상당히 좋고 임금이 높은 직원과 고과가 낮고 임금이 높은 직원을 구분해서 살펴봅니다. 구조조정 대상자를 결정할 때 후자의 직원이 대상자가 될 확률이 높습니다. 조직에서 고과 결과는 해당 직원의 회사에 대한 기여도를 의미합니다. 다만 단기간의 고과 결과를 검토하기보다는 지난 2~3년에 걸친 지속적인 성과에 기초하여 판단합니다.

이와 같이 구조조정 대상자를 검토할 때는 여러 고려 요소가 작동합니다. 기업이 처한 환경이 다르기 때문에 각 상황에 맞도록 고려 요소별 가중치를 활용하길 권합니다.

디시젼 유니트(Decision Unit)가 도움됩니다

글로벌 기업의 경우 인력 감축이 시행될 경우에는 각 나라별로 법적 요건이 다르므로 이를 사전에 인지해야 합니다.

구조조정 대상자를 결정할 때도, 대상자를 사전에 법적 검토하고 결론이 나기까지 관리자가 마음대로 개인에게 통지하는 것이 허용되지 않는 나라도 있습니다. 법적인 검토를 위해서 조직 범주와 구조의 전반적인 것, 역량 정의 양식, 인력 선발 양식, 비즈니스 선발 결정을 지원할 서류들이 필수적으로 제출하도록 되어 있습니다. 이런 나라의 경우에는 법적인 문제가 없도록 내부적으로 준비한 것들로 인해 결국에는 보다 투명한 절차를 갖추게 됩니다. 회사와 구성원들에게 인력 감축 모범 사례가 되어서 다른 많은 나라에도 전파된 적이 있습니다. 그렇다면 어떤 프로세스로 구조조정 대상자를 검토하는지 소개하겠습니다.

디시젼 유니트 개념을 활용하는 것입니다. 디시젼 유니트는 비즈니스가 구조조정을 하기 위한 조직입니다. 때에 따라서는 부서가 될 수도 있고 본부가 될 수도 있고, 비즈니스가 속한 나라가 될 수도 있습니다.

디시젼 유니트에는 장기 휴가자를 포함하여 평가되는 비슷한 직무 유형을 지닌 모든 직원이 포함됩니다. 디시젼 유니트는 인력 감축을 위해서 회사가 확정한 직원의 쇼트리스트short-list가 아닙니다. 즉 개인별 리스트가 아닙니다. 그렇다면 무엇일까요? 예를 들어보겠습니다.

회사에는 컴퓨터 어셈블러를 생산하고 조립하는 공장이 있었습니다. 실적 악화로 인해서 총 400명의 직원 중에서 300명만이 고용이 가능하게 되었습니다. 이런 경우에 디시젼 유니트는 특정한 직무를 목표해서 감원을 하는 것이 아니라 공장에 근무하는 모든 직원을 구조조정 대상으로 하는 것입니다.

300명으로 운영되기 위한 조직구조가 무엇인지를 준비합니다. 축소된 조직구조에 어떤 역량이 요구되는지를 정의합니다. 이 역량을 기반으로 하여 어떤 인력이 조직에 남아야 하는지를 적습니다.

비즈니스에 자체적으로 필요한 선발 기준도 추가하게 됩니다. 사실상 100명이 구조조정이 되나, 디시전 유니트에는 400명에 대한 검토를 포함합니다.

다른 예는 회사의 서비스 사업부에 속한 영업팀 실적이 무척 저조하여 구조조정이 결정된 적이 있었습니다. 영업팀은 총 6개로 구성이 되어 있었습니다. 서비스 사업부 영업 본부장급인 디렉터에게 보고하는 구성원 중에서 총 14명의 영업 직원 퇴사가 결정되었습니다. 디시전 유니트 개념에 따라서 특정 팀에 속하는 영업 직원이 아니라 디렉터가 관리하는 모든 영업팀에 속하는 60명의 영업 직원이 해당됩니다.

조직구조가 어떻게 변화되는지를 보여야 합니다. 이에 따른 필요한 역량, 인력의 선발에 대한 기준도 명확히 가져가야 합니다. 실적이 나쁘다는 이유로, 실적이 저조한 팀만을 목표로 하고 그에 속한 직원을 구조조정 대상자로 정할 경우에 절차는 간단할 수 있으나 원하는 결과를 얻기는 힘듭니다. 회사의 전체 그림 하에서 어떤 경쟁력을 가져가고 어떤 역량을 쌓는 것이 필요한지를 고민하지 않는다면 악순환만 답습됩니다.

구조조정

6

구조조정을 이끄는
프로젝트팀이 있다고요?

흩어져 모여, 다국적 전문가 버츄얼팀

회사들은 각자의 방식으로 구조조정을 지원하는 부서나 팀을 구성합니다. 글로벌 기업에서의 구조조정은 한 나라에만 국한되는 것이 아니라 전 세계적으로 글로벌하게 진행하는 경우가 많습니다.

글로벌 기업들은 구조조정 시에는 상설팀보다는 버츄얼 프로젝트팀을 결성하는 것을 선호합니다. 평상시에는 각각의 나라에서 각자의 업무를 하면서 흩어져 있다가 구조조정이 발생하면 가상공간에서 버츄얼하게 모여 팀으로 일하는 형태입니다

해외와 국내의 전문가로 결성된 가상팀인 프로젝트 관리팀Project Management Office: PMO이 구성됩니다. 만약 구조조정의 규모와 복잡성이 높다면 국내의 PMO를 추가로 두기도 합니다. PMO는 대체적으로 소

통, 보상, 채용, 법무, 교육, 운영, 재무, 비즈니스의 전문가들을 각 나라에서 착출합니다. 다국적팀이 결성되는 것이지요.

PMO에 소속된 프로젝트팀은 권한, 역할과 책임이 분명하게 규정되어 있습니다. 저는 글로벌 PMO에서 총보상과 운영HR Operation 전문가로 일하는 동시에 한국 PMO에서 대표로서의 역할을 하였습니다.

예로, 보상의 경우, 다양한 시나리오를 고려하여 희망퇴직 특별보너스의 기본 공식, 보너스 수준, 보너스 대상 기준, 보너스 조건 등 여러 옵션들을 아시아지역본부와 글로벌 및 본사 최고보상책임자에게 제안하고 승인받는 과정을 거쳤습니다. 최종 승인된 희망퇴직 보상 제도는 글로벌 제도로 확정이 되었습니다. 이를 근간으로 각 나라는 자신의 상황에 맞게 구조조정 관련 보상 제도들을 적용합니다.

따라서 여러분들이 사내에 구조조정팀을 결성하고자 한다면 다양한 분야를 아우르고 각 영역의 전문가로 구성하는 것이 필수입니다. 제대로 된 팀이 아니라면, 구조조정은 시작하기 전부터 삐거덕거리며 시끄럽기만 할 것입니다.

나와 문화적으로 달라요

여러분 조직은 구조조정을 지원하는 팀을 결성할 예정이신가요? 아니면 기존에 구조조정을 담당하는 상설 부서가 있나요?

제가 경험한 가상Virtual PMO는 나름의 어려움이 있었습니다. 다국적 팀원으로 구성되어, 각 나라의 문화도 달랐습니다. 하지만 성공적인 구조조정이라는 하나의 목표를 모두 가지고 있었습니다.

사실상 각 나라에서 차출된 이들은 각자의 분야에서는 전문가들이어서 자신의 의견을 강하게 개진하곤 합니다. 하지만 전문가들이 모이면 맹점이 있습니다. 자신의 분야를 잘 알기 때문에 지엽적인 문제에 집중합니다. 큰 틀에서 문제를 접근하기가 쉽지 않고, 각 분야별로 자신의 의견을 주장하다보니 서로 협업하는 기능이 약하다는 것입니다.

재미있는 것은 다국적팀이 모이면 몇 개의 나라가 두드러집니다. 아시아에서는 인도와 호주가 대표적입니다. 인도는 굉장히 분석적이며, 디테일합니다. 호주는 질문에 대해서 답의 핵심을 바로 말하기보다는 주변의 이야기를 먼저 시작함에 따라 이야기가 길어집니다. 한국은 핵심만 간단하게 말하는 경향이 강합니다.

이렇듯 나라별로도 성향이 다릅니다. 하지만 각기 다른 나라의 다른 성향을 지닌 팀원들의 장점이 합해지면 큰 시너지가 생깁니다. 물론 단점은 서로 각기 다른 성향을 이해하고 받아들이기까지 시간이 걸린다는 것입니다.

제가 다국적팀을 말씀드렸으나, 일반적인 조직이나 팀 상황도 크게 다르지 않습니다. 팀을 자세히 보면 똑같은 사람은 한 명도 없습니다. 각기 다른 기질적 특성과 다른 업무 스타일을 지니고 있지요.

구조조정이라는 민감한 상황에서 이들의 특질을 어떻게 잘 융합해 시너지를 낼지는 전적으로 리더의 몫입니다. 이들이 어떻게 방향을 잡는가에 따라서 성과의 결과가 달라지니까요.

승인 거버넌스, 잘 셋업합니다

전 세계적으로 구조조정을 할 경우에 재원이 소요되며, 글로벌 PMO팀에서 총 재원을 산정하고 아시아, 태평양본부, 미주본부, 유럽본부별로 재원을 세분화합니다. 이를 산정하는 이유는 전반적인 비용을 관리하는 것뿐만 아니라 계획된 예산 대비 실제 사용된 비용을 관리함으로써 제도의 효율성 및 효과성을 추구하기 용이하기 때문입니다.

사후에 집계한 이후에는 시장 대비 얼마의 재원이 사용되었는지 분석하고 차후에 이를 반영하는 지표로 활용하기도 합니다. 제도를 진행하는 각 단계별로 밸런스 스코어 카드BSC의 성과지표를 가져가서 프로젝트팀에 있는 팀원들이 유기적으로 일할 수 있도록 합니다. 특히 성과지표에서 상당한 차이가 나는 경우에는 나라들과 직접 일하면서 어떤 문제가 있고 어떻게 도움을 줘서 해결해 나가야 하는지에 대해 직접 참여합니다.

만약에 각국에서 글로벌하게 정해진 패키지가 잘 작동되지 않을 경우에는 승인 절차를 통해서 전체의 틀은 유지하되 일부는 변경이 가능하도록 합니다. 승인 절차를 두는 이유는 제도의 일관성을 유지하고 제도의 운영을 보다 투명하게 관리하기 위함입니다.

구조조정

일본에서 있었던 일을 잠시 말씀드리고자 합니다. 희망퇴직 보너스의 공식은 전 세계적으로 근속 연수에 기반하도록 되어 있습니다. 하지만 일본은 오래전부터 연령에 기반한 공식을 채택하고 있습니다. 따라서 시장의 경쟁사를 검토하고, 다른 산업군을 살펴본 이후에 글로벌팀은 일본이 사용하는 공식으로 근속에 기반을 두되, 연령을 같이 고려하는 것으로 최종 결정했습니다. 만약 공식적인 승인 절차가 없다면 일본은 기존대로 연령에만 기반한 공식을 가져갔을 것입니다.

글로벌 기업은 직원들의 이동이 매우 자유롭습니다. 내가 일본에서 일하다가도, 싱가포르 혹은 미국에서도 일하게 됩니다. 하지만 나의 본적은 일본이므로, 미국에서 구조조정이 생기게 되면, 나는 일본으로 돌아가게 됩니다. 일본의 구조조정 패키지를 받는 것이지요.

각 나라의 패키지가 글로벌에서 정한 것과 너무 차이가 난다면 구성원 입장에서는 어떤 면에서는 혼선이 생기게 됩니다. 하지만 근간이 비슷하다면 직원들을 쉽게 받아들이게 됩니다. 따라서 구성원의 제도를 받아들이는 데는 제도의 일관성과 투명성이 무척 중요합니다.

여러분이 속한 조직이 글로벌 기업이 아니더라도, 작은 팀에서조차 위와 같은 원칙은 중요합니다. 제도를 예측할 수 없고, 제도의 일관성이 없고, 밀실로 만들어지고 운영된다면 누가 이것을 믿을까요?

7

구조조정 위로금
정했나요?

퇴사를 간곡히 원하는 웃지 못할 상황도 생깁니다

미국에서 구조조정 위로금은 '퇴직 인센티브severance incentives'라고 불리기도 합니다. 일반적인 퇴사보다 더 나은 혜택을 제공함으로써 특별퇴직을 이끌어 냅니다.

구조조정 위로금에는 금전적인 혜택과 비금전적인 혜택이 있습니다. 금전적인 혜택은 임금 이외에 퇴직을 할 경우에 추가적으로 특별퇴직 보너스를 지급하는 것입니다. 또한 퇴사할 때까지 기존의 복리후생을 유지하는 것입니다. 특별퇴직 보너스가 경쟁적일수록 퇴사를 희망하는 직원 수가 늘어나게 됩니다. 왜냐하면 특별퇴직 보너스는 매번 동일한 금액으로 지급되는 것이 아니고, 경제 현황, 내부적 경제 여력을 고려하여 결정되기 때문입니다. 따라서 직원이 생각하는 것보

구조조정

다 패키지가 좋게 구성된다면 상당수의 직원은 퇴사를 선택합니다.

너무 무모한 일이라고요? 경쟁적인 특별퇴직 보너스를 가지고 있다면, 직원들은 서로 희망퇴직 혹은 명예퇴직에 지원한다는 것입니다.

기억에 남는 일화로, 구조조정 초기에 특별보너스가 시장 평균보다 높게 결정된 적이 있었습니다. 어떤 직원은 이직을 원하거나, 다른 직원은 창업을 하거나, 또 다른 직원은 개인적으로 급히 돈이 필요하거나, 스트레스로 좀 쉬고 싶은 마음 등 다양한 이유로 구조조정에 지원 신청을 했습니다.

그러나 회사는 정해진 재원으로 인해서, 우선순위를 정할 수밖에 없었습니다. 이로 인해서 나중에는 직원들이 노동조합에, 자신도 구조조정에 해당되게 해달라는 요청을 하여 노동조합이 난감해한 적이 있었습니다. 보통은 구조조정에 해당되지 않도록 해달라는 요청이 일반적이기 때문입니다.

이러한 웃지 못할 상황이 몇 해 동안 계속되었습니다. 왜 이런 현상이 발생할까요? 원인으로는 조직 내부에서 이번이 가장 좋은 패키지라는 인식을 갖고, 다음에는 덜 좋은 패키지가 될 수 있다는 생각이 자리 잡았기 때문입니다.

외부적으로는 고용시장이 나쁘지 않은 것도 한 요인이었습니다. 또한 이전부터 구조조정이 시작되면 패키지를 받고 이직을 원하는 사람들이 있었기 때문입니다.

회사 입장에서는 회사가 의도하는 상황과 다르게 전개되는 경우도 있습니다. 회사가 미리 대비하지 않으면 핵심인재를 잃는 경우도 있습니다. 핵심인재들은 타 회사에 쉽게 취업이 되기 때문에 만약에 타사의 오퍼가 좋다면 현재 회사의 구조조정에 따른 패키지를 생각하지 않고 바로 일반퇴사를 결정하게 됩니다. 따라서 구조조정 이전에 핵심인재를 보유하는 전략이 선행되어야 하는 이유입니다.

패키지 중 하나는 정해진 기간보다 더 일찍 퇴직 결정을 할 경우에 지급되는 추가 보너스입니다. 이 부분은 재원의 여력이 있을 경우에 사용되고, 전 세계적으로 적용하는 나라들이 있습니다. 예로, 2주간의 신청 기간 동안 퇴사를 미리 결정할 경우에 30일치의 임금을 제공하는 식입니다.

다음으로는 복리후생이 있습니다. 복리후생은 직원들이 지원을 받을 때는 당연하게 받아들이지만, 만약에 정지되거나 제도가 축소될 경우에는 즉각적인 반응이 나오는 부분입니다.

구조조정 시기에는 직원이 퇴사하는 순간까지 직원과 가족에 해당되는 복리후생의 혜택을 제공하는 것이 좋습니다. 예를 들어, 의료비를 지원하는 경우에 퇴사 이전에 직원뿐만 아니라 가족에게 지원되는 것을 중지하게 되면 불만이 커지게 되며, 구조조정 제도에 대해서도 저항감이 커지게 됩니다. 따라서 복리후생비의 경우에는 세심하게 살피는 것이 필요합니다.

금전적인 혜택 이외에 비금전적인 혜택도 중요하며, 비금전적인 혜택은 배려와 연결되어 있습니다.

보상 패키지 어떻게 결정될까요?

그렇다면 보상 패키지에 무엇이 들어가고 결정되는지 살펴보겠습니다. 우선 희망퇴직에 따른 특별퇴직금부터 알아보겠습니다.

각 나라의 시장 상황을 반영하여 얼마의 위로금이 지급되어야 하는지 공식을 결정합니다. 먼저 공식에 포함될 요소를 결정합니다. 근속 연수를 기본으로 할지, 직급을 고려할지, 직급에서 머문 기간을 포함할지, 연령에 기반할지 등이 해당됩니다.

비즈니스 상황에 따라서 몇 개의 공식이 나올 수 있습니다. 예로, 인수합병의 경우에 직원들의 입사일이 다릅니다. 이들의 입사일은 근속 기간에 영향을 미칩니다. 따라서 구성원들은 민감할 수밖에 없습니다.

어디까지 근속 일을 인정할지에 대해서는 글로벌팀이 결정합니다. 구조조정에 소요되는 재원은 한정되어 있으므로 각 나라가 구조조정에 따라 지급할 보상금의 최솟값과 최댓값에 대한 지침을 가져갑니다.

이외에 인수합병에 의해서 제도를 통합하지 않았다면 직원들은 저마다 다른 근로 조건을 가지게 됩니다. 그러나 공식이 너무 많이 차이 날 경우에는 가능한 통합된 공식을 사용하길 권합니다.

인수합병에 따른 공식 차이가 직원 간 파벌과 논쟁을 일으킬 때도 있습니다. 공식과 관련되어 해프닝이 있었습니다. 회사가 데이터 저장회사를 인수한 적이 있었습니다. 인수되는 회사의 직원은 대략

50명 내외였기 때문에 제도가 전반적으로 잘 갖추어져 있지 않았습니다. 희망퇴직의 경우에도 시장 상황을 고려한 위로금을 책정하기보다는 시장 평균보다 상당히 높은 위로금을 지급할 수 있도록 되어 있었습니다.

구성원 내부적으로는 인수된 회사가 퇴사를 할 때 기존 구성원보다 기여도가 적음에도 불구하고 인수 이전에 정한 특별퇴직금을 더 많이 받게 된다면 구성원들 간에 불공평하다는 인식이 자리 잡게 됩니다.

직원들이 대놓고 얘기하진 못하지만, 인수한 기업의 직원은 그들끼리, 인수된 기업의 직원도 그들끼리 얘기를 하면서 눈에 보이지 않는 장벽들이 생기게 되는 것이지요.

인수된 기업의 직원이 소수이나, 이들이 받는 위로금이 기존 직원보다 높게 된다면 직원들은 형평성 문제를 감내하지 않습니다. 반대로, 인수된 구성원 입장에서는 만약에 위로금을 적게 책정한다면 기존 계약으로부터 불이익 변경에 대한 동의를 하지 않습니다. 사실상 본인이 동의하지 않는다면 법적으로도 제재할 수 없는 노릇이지요.

하지만 인수합병이나 비즈니스 이유로 회사별로 여러 개의 제도들이 존재하고 이들을 하나로 통합하지 않는다면 이들은 나중에 조직을 운영하는 데 큰 걸림돌이 됩니다. 희망퇴직도 하나의 사례이지요.

구조조정

조기퇴직 보너스가 때론 도움이 됩니다

보상금 이외에 패키지에 어떤 내용을 포함할지 결정합니다. 각 나라는 각자 원하는 항목을 넣기보다는 가능한 글로벌에서 정한 틀 안에서 움직이길 원합니다. 물론 나라에서의 법적인 제약 사항을 고려합니다. 하나의 예를 들어 보겠습니다.

글로벌 관점에서 구조조정에 따른 인력을 가능한 빨리 마무리짓기를 원합니다. 따라서 제도 안에 유인하는 기능을 포함합니다. 이것이 조기퇴직 보너스입니다. 희망퇴직에서 정한 퇴사일보다 일찍 퇴사를 결정할 경우에 조기퇴직 보너스를 제공하는 것입니다.

조기퇴직 보너스 금액은 지급 범위를 정하게 됩니다. 법적 제한이나 국가별 사정으로 인해서 어떤 나라는 주어진 금액 범위를 채택하나, 다른 나라는 조기퇴직 보너스를 사용하지 않을 수 있습니다. 각 나라 상황에 맞게 적용하도록 유연성을 제공하게 됩니다.

위로금 공식, 묘미를 발휘하세요

퇴사할 때 가장 중요한 부분은 무엇일까요? 사람에 따라서 차이가 있더라도 공통적으로 내가 얼마를 받는지입니다. 특별퇴직금은 각 회사마다 다를 수 있습니다.

특별퇴직금으로 제공되는 인센티브는 시장에 대비하여 경쟁력이 있어야 합니다. 내부적으로도 설득력 있고 개인 입장에서도 가족을 책임질 수 있는 의미 있는 금액이 필요합니다. 인센티브의 구성 요소는 일반적으로는 근속 연수와 임금이 고려됩니다. 법정퇴직금과 비슷한 구성이지요. 근속 연수 이외에 연령과 내부 직급을 함께 고려하기도 합니다.

한 예를 들어보겠습니다. 근속 기간에 따라서 차등화된 공식을 적용합니다. 이는 특정한 그룹에 혜택을 제공하여 프로그램의 호응도를 높이기 위한 것입니다. 일 년의 근속을 지닌 직원이 퇴사할 때, 근속 연수별 정기적인 퇴직금액은 아래와 같습니다.

1~4년 = 근속 연수 × 평균 월별 임금
5~9년 = (근속 연수 × 1.5-2) × 평균 월별 임금
10~14년 = (근속 연수 × 1.5-1) × 평균 월별 임금
15년 이상 = (근속 연수 × 1.5) × 평균 월별 임금

또 다른 예는 모든 대상자에게 동일한 공식을 제공하는 것으로, 상대방 입장에서는 이해하기가 쉽습니다.

(근속 연수 + 3개월) × 평균 월별 임금

만약 입사한 지 3개월 되었다고 하면, 위의 근속 기간별 공식은 갓 입사한 사람은 해당이 없습니다. 그러나 최소 근속 기간에 대한 단서

구조조정

를 달지 않는다면 얘기는 달라집니다. 신입직원은 3개월치 임금을 받고 퇴사하게 됩니다. 이런 일은 없어야 하겠으나, 팀이 사라지게 될 경우에 발생합니다.

퇴직 위로금에 사용되는 평균 월별 임금AMS은 연간 금액이 12개월에 의해서 나누어집니다. 만약 구조조정 중간에 임금 인상이 이루어지는 경우, 시기가 복잡하게 되어서 12개월이 아닌 최근 몇 개월의 기간을 한정해서 평균 월별 임금으로 사용하기도 합니다.

이러한 퇴직 인센티브는 철저하게 시장 프랙티스market practice에 의해서 움직여야 합니다. 또한 내부적으로 가용할 수 있는 금액affordability 내에서 이루어져야 합니다.

구성원이 받아들이지 않으면 의미가 없습니다

개인별로 처한 상황이 다양하므로 많은 시나리오 플래닝을 해야 합니다.

제가 속한 회사에서는 인수합병이 비일비재했습니다. 네트워크 회사를 인수한 적이 있습니다. 인수에 따라서 인수한 사업부와 인수된 사업부의 일들이 겹치는 부분이 많았습니다. 그러나 인수된 사업부는 구조조정의 경우에 연령에 따른 인센티브를 가지고 있었습니다.

성공적인 구조조정을 위해서는 공식의 유연성을 가지는 것도 필요합니다. 각각 소속된 회사의 공식으로 구조조정을 시작했습니다. 인수한 회사에 소속된 구성원에게는 근속 연수에 기반한 공식으로, 인수된 회사에 소속된 구성원에게는 연령에 기반한 공식으로요. 물론, 구조조정에서는 한시적으로 두 개의 공식을 운영함을 소통하고, 궁극적으로 하나의 공식으로 통합 작업을 진행했습니다.

아무리 경쟁력 있는 공식이라도 구성원이 받아들이지 않으면 의미가 없습니다. 현재 구성원의 인적 구성을 살펴보고, 다양한 시나리오를 적용하는 것이 필요한 이유입니다.

8

무늬만 다른 제도
아닌가요?

비즈니스의 구조조정에 따른 인력 감축 시 명예퇴직, 희망퇴직이라는 이름으로 제도가 실행됩니다. 대상자는 전체 구성원이 대상이 되는 경우가 많습니다.

보다 젊은 조직 구성이 필요한 경우에는 인력의 트랜스포메이션을 위해서 조기퇴직 제도를 운영하기도 합니다. 비즈니스의 요구를 반영하여 특정 비즈니스와 특정 그룹 대상자가 되는 경우가 많습니다.

구조조정에 따른 인력 감축이 잘 실행되지 못할 경우에는 특정한 개인과 협상을 통해서 퇴사가 이루어지기도 합니다.

명예퇴직이세요? 희망퇴직이세요?
(WFR: WorkForce Reduction)

WFR은 구조조정 시에 직원들이 자발적으로 퇴직할 경우에 일괄 지급lum-sum payments을 받을 수 있도록 설계된 인센티브 프로그램입니다. 한국에서는 자발적인 퇴사를 강조하고, 영예롭게 퇴직한다는 뜻에서 명예퇴직과 희망퇴직이 보편적으로 사용되고 있습니다. 미국에서는 인력 감축이라는 용어가 주로 사용됩니다.

조기퇴직이신가요?
(EER: Enhanced Early Retirement)

외국의 경우, 직원들에게 정상적인 은퇴 연령보다 일찍 퇴직하도록 허용하는 프로그램으로, 근무연한에 따라서 혹은 근무연한과 그들의 나이를 더한 수에 따라 퇴직 자격과 인센티브 수혜량에 대한 신용credit을 부여하는 것입니다.

프로그램은 직원들에게 정상적인 퇴직 연령 전에 연금 삭감 없이 은퇴할 수 있도록 허용할 수도 있고, 조기 퇴직 패널티(연금 삭감)를 부과할 수도 있습니다.

구조조정

권고사직이라고요?

권고사직 중 하나가 개별계약MSA: Mutual Separation Agreement입니다. 구조조정에 의해서 회사가 전 직원을 대상으로 진행하나, 권고사직의 형태로 회사와 개인 간 계약을 통해서 퇴직할 경우에 받게 되는 인센티브 프로그램입니다. 개별적으로 진행되므로 각자의 포지션에 따라서 인센티브 금액과 계약 조건이 다르게 됩니다. 주로 임원급 대상으로 이루어지나, 주요한 포지션에서도 진행됩니다.

제도에 따라 혜택이 다르다고요?

구조조정에 따른 퇴직인센티브는 인력 감축 패키지를 가지고 있고, 조기퇴직의 경우에는 구조조정의 패키지 이외에도 각 나라의 정년에 따른 혜택을 추가합니다. 개별 계약은 각 비즈니스의 결정에 따릅니다.

인사 전략과 정책 변화에 따라 구조조정 제도는 변화되고 있습니다. 각각의 제도를 예시를 들어 아래와 같이 비교해 보았습니다.

제도	조기퇴직(EER)	인력 감축(WFR)	개별 계약(MSA)
언제 사용되나	비즈니스 구조조정이 필요할 때	나라별 인력 변혁 (workforce transformation)이 요 구될 때	개인과의 계약이 요구될 때
대상	특정 직급으로 10년 이상의 근속을 지닌 자	모든 구성원 해당됨	특정 개인
패키지	2×N(근속 기간)+2 최대 30개월	1.5×N(근속 기간)+2 최대 24개월	비즈니스 결정 사항에 따라 변동됨
근속 인정	근속 연수당 2개월	근속당 1.5개월	
장기근속과 연차휴가	법정휴가와 내부 정책에 따름	법정휴가와 내부 정책에 따름	
근속상	정년 발생하는 해에 해당된다면 상 수여		
전직 카운셀링	3개월 경력 전환 카운슬링 제공	3개월 경력 전환 카운슬링 제공	

이외에 혜택 중에서 퇴직 시의 주식은 특히 구성원들이 많은 관심을 가집니다. 여러분이 근무하는 곳이 상장회사라면 회사는 직원들이 자기 회사의 주식을 매입하도록 구입 시에 할인을 해주는 주식 구입 제도stock purchase program가 있습니다.

본인의 급여에서 공제하여 구입한 주식은 재직 여부와 관계없이 보유할 수 있습니다. 하지만 퇴직 후에는 모든 거래를 회사가 지정한 주식중개인이 아니라, 본인이 주식중개인에게 직접 연락해야 하니 정보 관리에 신경 쓰는 것이 필요합니다.

만약 합병에 따라서 합병 이전의 회사의 주식이 있다면, 계좌에 적립된 주식은 합병이 완료됨과 동시에 통합된 회사의 주식으로 전환됩니다. 이 주식들은 재직 여부와 관계없이 보유할 수 있습니다. 하지만 각각 다른 제도와 상관없이 퇴직 이후의 모든 거래는 회사를 통하지 않고 각 개인이 자신의 계좌에서 관리해야 합니다.

회사는 이러한 사항들을 퇴사 전에 자세하게 안내해야 합니다. 반드시 퇴직 전에 회사의 포털에서 주식 관련 우편물을 수령하실 수 있도록 집 주소로 변경해야 합니다. 그러나 회사로부터 받은 스톡옵션의 경우에는 퇴사의 형태에 따라서 각기 다르게 취급됩니다.

구조조정에 따른 희망퇴직의 경우에는 본인들이 받은 Non-qualified(NQ) 스톡옵션과 FSAR는 퇴직일로부터 3개월 동안 행사 가능합니다. 또한 스톡옵션의 만료일이 3개월보다 이전이라면 만료일 전에 행사해야 합니다. 혹은 퇴직일에 대부분 즉각적으로 행사를 하는 경우가 많습니다.

행사의 경우에는 회사가 지정한 주식중개인을 통해서 진행하면 됩니다. 조기퇴직의 경우에는 퇴사를 하더라도 일정한 기간 동안 행사를 할 수 있도록 기간을 유예해 줍니다. 이는 은퇴와 같은 성격이기 때문입니다.

개별 계약의 경우에는 상황에 따라서 다양한 조건들이 생기게 됩니다. 어떤 경우는 퇴사일에 바로 행사해야 하는 반면 다른 경우에는 행사할 수 있는 기간이 유예되는 것도 있습니다. 회사에서의 해당 역할의 중요도와 기여도를 고려하기 때문입니다.

9

구성원과 가족을 배려한
퇴직 혜택이 있나요?

OECD 국가들이 인력 감축 시 지원하는 형태를 살펴보면, 퇴직금 68%, 연금 강화 29%, 사회적 안전망 제공 63%, 직업훈련 53%를 들고 있습니다. 퇴직금의 비중이 월등히 높습니다.

일반 혜택, 어떤 것이 있을까요?

기업의 형태와 규모에 따라서 제공되는 혜택이 각기 다를 수 있습니다. 이전에 몸담은 글로벌 기업을 중심으로 살펴보겠습니다.

일반적으로 인력 감축에 따른 미국의 퇴직 인센티브는 퇴사의 공백을 줄이고 가족을 부양할 수 있도록 하는 데 초점을 둡니다. 따라서 퇴사를 하더라고 퇴직금 이외에 가족들을 돌볼 수 있도록 특정 기간 동안 건강보험, 생명보험, 사회보장 보충 보험 혜택이 제공됩니다. 또한 가족들을 퇴사 이후에도 부양하는 데 도움이 되도록 특정 기간 동안 대학이나 훈련기관에 수업료 지급, 창업 지원을 하기도 합니다. 물론 기업의 재정 여력에 따라서 여러 가지 혜택 중에 최소한도로 혜택을 제공하는 곳도 있습니다.

캐나다, 혜택이 다양합니다

캐나다의 경우에도 다양한 혜택을 지니고 있습니다. 캐나다는 포지션이 없어졌거나 재조직 선발 과정에서 새로운 자리에 임명되지 못한 직원들은 2주간 배치 기간redeployment period이 제공됩니다. 이러한 기간은 개인 통지 후에 시작되고 인원 감축전이 요건이기도 합니다.

재배치 참여자는 그들이 이 프로그램에 참여하도록 공식적인 서면 통지를 받게 됩니다. 개인에게 대안이 되는 포지션이 없거나 이 기간에 재배치되지 못한다면 직원은 인원 감축 제도로 옮겨집니다. 구성원이 55세로 10년 근속을 한 경우를 예를 들겠습니다. 다만 아래 내용들은 인사 전략과 정책 변화에 따라서 계속 변경되고 있습니다.

혜택 유형(Benefits)	인력 감축에 따른 혜택 내용
잡서치 (8-week Job Search Period)	• 인력 감축 대상자로서 정해진 직원은 8주간 직무 서치 기간이 주어집니다. • 이 프로그램은 2주의 배치 기간이 끝난 후에 시작됩니다. • 8주간 직원은 회사의 급여 명부(payroll)에 남습니다. • 8주의 직무 서치 기간 동안 직원은 회사의 내부 포지션 혹은 다른 회사의 외부 포지션을 찾습니다. • 8주 동안 직원은 기존의 복리후생을 그대로 받고, 임금을 받고, 추가적인 보너스를 받게 됩니다. • 8주의 직무 서치 기간 동안 직원은 일과 관련된 임무를 수행해서는 안 됩니다. • 8주의 직무 서치가 끝날 때까지 내부 포지션을 찾지 못한 직원은 퇴사하게 됩니다. • 임금과 복리후생은 고용 표준 규정을 따르게 됩니다. • 저성과자로 개선 과정에 있는 직원은 내부 포지션에 지원할 수 없습니다.
퇴직 위로금 (Severance Payment)	• 회사 근속이 지속되고, 2.5주 기본급이 기본됩니다. 최소 3개월과 최대 18개월이 지급됩니다. • 퇴직금은 퇴사 시점에 월별 기본급으로 계산됩니다. 만약 대상자가 인센티브제도 혹은 다른 영업 관련된 프로그램에 있다면 퇴사 시점의 연봉이 기본이 됩니다. • 월별 기본급은 보너스, 잔업수당, 다른 추가적인 보너스를 포함하지 않습니다. • 이전에 인력 감축제도하에서 퇴사하고 재입사한 직원은 마지막 입사일에 기반해 퇴직금을 받아야 합니다.
주식 (Equity)	• 개인이 지니고 있는 스톡옵션과 주식이 영향을 미칩니다. 개인별 조건을 살펴보고 증권사에 연락합니다.
성과급 (Variable Bonus)	• 회계연도 말에 퇴사가 되는 직원은 성과급 보너스에 자격이 주어집니다. • 회계연도 말 전에 퇴사하는 직원은 보너스 해당되지 않습니다.
차량 지원 (Fleet Vehicle Program)	• 회사 차량 제도에 속하는 자는 차량을 반납합니다. 회사가 제공하는 주유 회사와 관련된 것은 마지막 날에 반납합니다. 직원은 비즈니스와 개인 최종 거리를 기록합니다.

구조조정

의료비와 치과 지원비 **(Medical/Dental)**	• 퇴직 전까지는 직원에게 의료 및 치과에 대한 지원을 지속합니다. 퇴사 이후에 직원이 지원을 받길 원할 경우에는 직접 지불 방식을 설정합니다. 복리후생센터를 통해서 직원의 은행 구좌에서 자동으로 인출되도록 합니다. 복리후생 비용이 한 달 안에 진행될 수 없다면 지불되지 못한 금액은 다음 달에 당신의 계좌에서 자동으로 추가됩니다. • 직원은 개인 프로그램으로 의료와 치과 지원을 전환할 수 있습니다.
헬스케어 구좌 **(HSA: Health Care** **Spending Account)**	• 퇴사일까지 적용됩니다. 헬스케어로 저축된 잔고는 12월 말자로 만기 됩니다. 헬스케어에 사용하지 않은 잔고는 퇴사 이전에 90일 이내에 제출되어야 합니다.
직원생명보험 **(Basic Life** **Insurance)**	• 직원생명보험은 연봉의 1배수입니다. 1배수 임금을 초과하는 직원단체생명보험을 개인 정책으로 전환할 기회를 가집니다. 지원은 만 70세 이전에 실행되어야 합니다. 이러한 절차를 하기 위해서는 직접 보험사에게 연락하고 어떻게 지불하는지를 정합니다.
선택적 가족생명보험 **(Optional** **Dependent Life** **Insurance)**	• 배우자의 최대 생명보험금액은 개인이 요청 시 전환됩니다. • 퇴사일 10일 안에 복리후생센터는 개인의 집 주소로 지원서와 증빙서류를 동봉합니다.
사고 사망&재해보험 **(AD&D:** **Accidental Death** **& Dismemberment** **Insurance)**	• 복리후생 연속성을 유지하길 원한다면 직원 사고사망재해보험을 개인으로 전환할 기회를 가집니다. 개인은 건강 혹은 의료검진 증거를 제출할 필요가 없습니다. • 보험 지원 31일 안에 관련된 지원서를 제출해야 합니다.
직원 지원 제도 **(Employee** **Assistance Program)**	• 복리후생의 지속지원에 해당되며, 해당 기간은 별도로 정하게 됩니다.
장애 제도 **(Disability Plans)**	• 단기와 장기장애 제도하의 지원은 8주 잡서치 기간의 말에 끝납니다.

퇴직연금제도 **(Retirement/** **Pension Plans)**	• 회사지원분(contribution)은 퇴사 날짜에 끝납니다.
재입사 **(Rehire)**	• 회사는 인력 감축에서 이루어진 투자를 보호하고, 성장과 승진 기회를 창출함으로써 그들의 경력에 투자하도록 현재 직원에게 약속을 합니다. 결과적으로 구조조정(인원 감축), 조기퇴직(early retirement program), 혹은 비슷한 업무 제거 프로젝트로 회사를 떠난 이전 직원은 재입사되는데 자격이 주어지지 않고, 계약직으로 되는 것도 허용하지 않습니다. 다만 이러한 정책은 시간에 따라서 변경될 수 있습니다.
경력 전환 서비스 **(Career Transition** **Services)**	• 인원 감축 제도에 있는 직원은 3개월 경력 전환 서비스를 받습니다. 이는 정해진 아웃플레이스먼트 서비스 업체로부터 이루어집니다.

10

구조조정,
전략적으로 소통하나요?

회사가 구조조정을 하기로 결정하였다면 구성원을 대상으로 한 내부 소통과 외부 이해관계자들을 위한 외부 소통에 대한 전략을 잘 세워야 합니다. 무엇보다도 소통에 대한 원칙을 가져야 합니다.

정확한 팩트에 근거하세요

구조조정에서 가장 기본적인 것은 회사가 왜 구조조정을 해야 하는지 배경 설명을 함으로써 구조조정의 당위성을 설명해야 합니다.

구조조정이 경영 실적의 악화로 인한 것이라면, 내부적으로 과거와 현재의 매출과 이익 경영 수치를 비교하고, 외부적으로는 경쟁사혹은 시장 평균 등 수치화될 수 있는 자료를 정리하여 현재 우리의 위치를 정확히 알려야 합니다. 두리뭉실하고, 추상적이고 보기 좋은 문구로 말하는 것이 아니라, 구체적이며 수치화된 정확한 팩트에 근거하여 구성원들과 소통해야 합니다.

내부의 불편한 진실을 솔직하게 전달합니다. 구조조정이 인수합병에 따른 것이라면, 인수합병에 따른 중복 부문, 부서, 팀을 변경 이전과 변경 이후로 비교하여 어느 부문이 통합되는지, 어떤 부서가 폐지되는지, 어떤 팀이 축소되는지를 알립니다. 어느 회사든 비즈니스 단위별로 그들이 벌어야 할 매출과 관리해야 할 인원 규모가 있습니다. 비용의 상당 부분이 인건비를 차지하므로, 재원이 한정됨을 알리는 것도 중요합니다.

지금까지 노력한 것들을 설명하세요

이러한 경영 실적 악화로 인해서 회사가 구조조정 이전까지 어떤 노력을 해왔는지를 설명합니다. 많은 기업들이 인수합병을 하게 되면 회사 실적이 좋아질 것이라는 미래 청사진을 그립니다.

제가 몸담았던 회사는 결제 시스템의 경쟁력을 글로벌하게 강화하기 위해서 관련 회사를 인수한 적이 있습니다. 인수업체의 규모가 작은 관계로, 글로벌하게 프로젝트를 만들어서 운영하기보다는 각 나라에서 알아서 관리하는 전략을 구사했습니다. 하지만 인수업체의 핵심인재인 엔지니어들이 인수 즈음에 퇴사하는 바람에 우리는 원하는 경영 실적을 얻을 수 없었습니다.

해당 사업 부문에 대해서 혹독한 비용 절감 노력들이 들어갔습니다. 임금 반납부터 시작하여 일부 복리후생 프로그램을 중지하고, 일반 비용 지출도 거의 중지되었습니다. 신규 및 대체 인력은 물론이고 계약직원 등 모든 채용이 동결되었습니다. 비용이 드는 인사 제도들도 모두 정지되었습니다. 결국에는 구조조정이 시작된 것이지요.

이렇듯 구조조정이 갑자기 생겨난 것이 아니라 마지막으로 실시하는 수순임을 설명합니다.

우리의 청사진은 어떤 모습일까?

다음으로는 구조조정을 통해서 회사가 어느 방향으로 가고, 미래 어떻게 될 수 있는지에 대한 비전을 제시해야 합니다. 경영 실적의 악화를 타파하기 위해서 어떤 경영 목표하에 비즈니스 전략이 구사될지 설명합니다. 어떤 형태의 조직이 구현되며, 어떤 역량의 구성원들이 지원할지를 제시해야 합니다. 그래야 회사를 떠나는 사람도, 남는 사람도 회사에 대한 신뢰를 가질 수 있습니다

구조조정 뉴스, 구성원이 가장 먼저 알도록

소통의 가장 중요한 원칙은 외부에 알려지기 전에 구성원에게 최우선으로 내용을 전달해야 합니다. 외부 미디어에서 접하거나, 내부 카더라 통신을 통하게 된다면 회사와 구성원 간에는 넘을 수 없는 불신의 벽이 만들어지게 됩니다.

아직도 잊히지 않은 경험담이 있습니다. 회사는 사업의 포트폴리오를 다양화하기 위해서 글로벌하게 워크스테이션 제품에 특화된 기업 인수딜을 성사시켰습니다. 이 사실이 해외 언론을 통해서 보도가 되면서 국내에 있는 직원들이 크게 동요하였지요. 특히 워크스테이션에 소속된 사업부 직원들은 우리가 어떻게 되는지 묻기 시작했습니다.

사실상 글로벌딜이기 때문에 국내에서는 이 사실을 잘 알지 못했습니다. 또한 민감한 사항이라서 본사의 관련자들만 아는 수준이었니까요. 저희가 직원들에게 답하는 것은 본사에서 내용이 오는 대로 전달하겠다는 정도만 알릴 수 있었습니다.

문제는 인수딜 규모가 크고, 인수한 기업과 인수된 기업 간에 중복되는 영역이 많았다는 것입니다. 직원들은 나름의 네트워크를 동원해서 인수된 기업에 대한 정보를 모으기 시작했습니다. 그들에게는 그 정보가 사실인지는 더 이상 중요하지 않았습니다. 어떤 내용은 부풀려지고, 다른 내용은 생략되었습니다.

인수된 기업의 A팀은 인수한 기업에 속하기 전에 구조조정된다더라, 인수된 기업의 리더들이 이미 그만두었다더라, 인수한 기업은 이미 구조조정 명단을 마련했다더라 등 부정적인 소문들이 각 나라에서 퍼지기 시작했습니다.

각 나라의 상황을 전달받은 본사는 소통의 심각성을 인식하고 이때부터 소통을 시작했습니다. 사실상 인수한 기업과 인수된 기업 모두에게 상처만 남은 소통이었지요. 이 사례를 통해서 여러분에게 직원에게 소통이 얼마나 중요하며, 왜 최우선으로 소통해야 하는지를 알리고자 합니다.

두리뭉실한 소통은 오해만 증폭시킵니다

힘든 내용일수록 솔직하고 진정성 있는 메시지를 전달해야 합니다. 핵심은 빼고 두리뭉실하게 전달한다면 오해는 증폭됩니다.

기업을 운영하다 보면 늘 좋은 일만 있지는 않습니다. 힘든 상황에서 구조조정을 결정하기도 합니다. 그런데 대부분의 기업들은 구조조정을 한다는 것만 말하고 전체 과정들은 모두 베일에 감싼 채로 구조조정을 진행합니다. 사실상 글로벌 기업들은 소통 전략을 가지고 구조조정에 대한 메시지를 준비합니다. 어떻게 포장하든지 결국에는 구조조정이라는 결론이 나오지만 그 과정에서 조금이나마 직원들에게 솔직하게 다가가는 자세가 중요하지요.

왜 구조조정을 하게 되었는지, 이로 인해서 어는 사업부에 영향을 미치는지, 구조조정에 따른 회사의 기대치는 무엇인지, 영향을 받는 직원들에게 회사는 어떤 혜택을 준비했는지를 잘 전달해야 합니다.

회사가 전달하고자 하는 메시지에 고민의 시간과 노력의 공을 들일수록 직원들과의 공감대가 커지게 됩니다. 직원이 무엇을 원하는지 고민하고 이를 반영하기 때문입니다.

가지각색의 관리자 모습이 보입니다

수많은 구성원에게 한 명씩 전달하기에는 시간과 노력이 턱없이 부족하게 됩니다. 구조조정에 관해서 관리자는 회피하기보다는 주도적으로 메시지를 전달해야 합니다.

다만, 구조조정 대상자에 리더들과 관리자들도 해당되므로, 조직에서 포지션별 임명된 리더들과 관리자들이 인사와 함께 소통 전략을 짜고, 소통을 이끌어야 합니다. 소통 전략을 잘 수립해도 구조조정이라는 어려운 과제에 직면할 때 가지각색인 관리자의 모습을 보게 되었습니다. 대표되는 몇 가지 유형이 있습니다.

'회사가 왜 이런 결정을 했는지 나도 모르겠어'라며 나와 구조조정을 연결하지 말라는 자기보호형, '구조조정 한다고 뭐가 달라지겠어, 미래가 안 보여'라는 미래비관형, '구조조정의 책임은 사장이 져야지, 왜 우리가 짊어져'라는 책임전가형, '구조조정에 해당되지 않게 내가 힘 써 줄게, 나만 믿어'라는 무책임형, '구조조정에서 끝까지 버텨, 그러면 회사도 포기할 거야'라며 구성원을 부추기는 업무부정형, '이제 우리 회사는 끝났어, 회사가 구조조정 보너스를 줄 때 빨리 짐 싸는 것이 상책이야'라며 구성원에게 소리를 높이는 무공감형, '당신 사인 하고 빨리 나가는 것이 좋아, 그렇지 않으면 업계에서 매장시킬 거야' 라는 협박형.

여러분이 속한 회사는 어떤 모양을 하고 있을까요? 위에서 나열한 모습을 여러분 조직에서 볼 수 없다면 회사가 구조조정을 잘하고 있는 것입니다. 그러나 이 중에서 해당되는 부분이 있다면 이러한 모습이 나오지 않도록 관리자를 대상으로 한 세심한 소통 전략을 세워야 합니다.

리더들이여, 주도하고 책임지세요

구조조정 발표 시에는 모든 리더들이 한마음으로 움직여야 합니다. 그러나 워낙 힘든 얘기라서 리더 중 일부는 본인은 전혀 의사소통에 개입하지 않고 관리자들에게 소통을 맡기는 경우도 있습니다.

사실 말하기 힘든 내용일수록 최고경영자 혹은 임원진 같은 리더들이 소통을 담당해야 합니다. 하지만 리더의 스타일에 따라서 극명한 차이를 가지게 됩니다.

어떤 리더는 구조조정에 따른 결과에만 집중하여, 전후 사정을 살펴보지 않고 밀어붙이는 불도저형 리더입니다. 구조조정 관련 제도를 만들고 이를 실행하기는 어렵지 않습니다. 그러나 제도를 잘 실행하고 원하는 결과를 가져오기는 쉽지 않습니다.

리더들이 잘못 이해하고 있는 것 중 하나가 구조조정 관련 제도를 만들고 이를 발표하면 된다고 생각합니다. 그러나 생각처럼 구조조정은 간단하지 않습니다.

다음 유형은 방임형 리더입니다. 자신감을 가지고 구성원들에게 메시지를 전달하는 리더가 있는 반면 많은 사람 앞에 본인은 나서지 않고 관리자에게 시키는 경우입니다. 관리자 입장에서는 구조조정 메시지를 전달하는 것도 쉽지 않은데, 왜 구조조정을 하는지 모든 직원 앞에서 설득력 있게 전달하기는 더욱 힘듭니다.

다음으로는 관리자 압박형 리더입니다. 공식 회의석상에서 혹은 사적인 만남에서 '당신 부서는 최악이야, 구조조정으로 해체되지 않은 것에 감사해, 당신 자리도 마찬가지야'라며 조직과 개인의 신상에 대해서 무언의 압박을 하는 것입니다. 사실상 신상필벌이 인사에서 효과를 거두나, 상은 없고 벌만 계속 내린다면 원하는 결과를 절대 가져올 수 없습니다.

조직에서 약한 사람에게는 강하고, 강한 사람에게는 약한 리더들을 보곤 합니다. 구조조정의 경우에 더욱 그렇습니다. 구조조정에 따른 이슈나 문제에 대해서 임원들은 최고경영자에게 솔직하게 보고하는 것을 꺼리는 경우도 있습니다. 최고경영자의 판단이 언제나 옳은 것이 아님에도 불구하고 임원 자신의 의견을 개진하기보다는 최고경영자의 의견을 따르는 경우가 많습니다. 보스의 눈치를 보는 것이

지요. 리더가 책임지지 않는데 리더에게 보고하는 관리자가 잘 할 수 있을까요?

리더들이 책임 있는 자세를 취하지 않는다면 관리자들은 메시지를 전달하는 시늉만을 하게 됩니다.

커뮤니케이션 맴버를 구성합니다

구조조정을 하다 보면 사건 사고들이 많이 발생합니다. 그중에서도 다루기 힘든 것은 나쁜 뉴스로 인해 회사가 궁지에 몰리고 여론이 악화되는 상황입니다. 단시간에 나쁜 뉴스는 일파만파 퍼지게 되어서 내부적으로 각자의 역할을 미리 정하지 않는다면 나중에 손을 쓸 수 없게 됩니다.

글로벌 기업들은 소통을 매우 중시합니다. 본사, 미주본부, 유럽본부, 아시아태평양지역본부, 나라별 지사에 별도의 소통 조직을 배치합니다. 예로, 아시아태평양지역본부와 나라별 지사 간에 소통을 담당하는 조직이 어떻게 작동하는지 잠시 소개하겠습니다.

참고로, 글로벌 기업은 원활한 경영 활동과 관리를 위해서 전 세계 지역을 몇 개의 본부로 나눕니다. 아시아의 경우에는 중국, 일본, 한국, 필리핀, 싱가포르, 말레이시아, 인도네시아, 베트남, 태국, 대만, 뉴질랜드, 호주, 인도를 묶은 총 13개국이 아시아태평양지역본부하에 위치됩니다.

아시아태평양지역본부를 담당하는 사장^{APJ Managing Director}은 총 13개국 소통에 대한 전반적인 리더십을 가집니다. 아시아태평양지역본부 산하에는 비즈니스 사업부를 조율하고 13개국에서 실행을 담당할 인사조직이 있습니다.

인사 운영 조직은 나라에서 사건사고가 발생하면 프로젝트로 관리가 되고, 사안에 따라서 에스컬레이션 절차를 준수하는지 모니터하고 절차를 관리합니다. 회사 내부 사항을 전달할 내부 커뮤니케이션과 외부 미디어에 전달될 외부 커뮤니케이션을 다룰 소통팀이 위치합니다.

구성원에게 전달될 직원 커뮤니케이션팀이 있습니다. 내외부 커뮤니케이션과 구성원 커뮤니케이션에 대해서 법적 자문을 하는 법무팀도 존재합니다.

각 나라에 사건 사고가 발생할 경우에 이와 같이 본부 산하에 있는 조직들은 각 나라와 밀접하게 일하게 됩니다. 각 나라의 지사장들은 그 나라 소통에 대한 리더십을 가집니다.

이와 같은 소통 조직은 내부와 외부의 커뮤니케이션 프로세스에 따른 주된 책임과 정보의 흐름을 관리하기 위한 것입니다. 사안에 대해서 일관된 글로벌 메시지를 개발하고, 질의응답에 대한 내용들은 공유 사이트에 보관하여 모든 관련자들이 볼 수 있게 합니다.

소통 조직에 있는 주요 커뮤니케이션팀 맴버들은 국내뿐만 아니라 해외본부의 최신 내용을 전달받고, 외부 메시지의 사용을 통제하기 위해서 빠르게 행동하고 대변인을 활용해 답변합니다. 특히 미국 소통팀에 의해서 개발된 소통 자료를 주로 사용하나, 각 나라의 법적 요건에 맞게 적용합니다.

소통에서 다양한 주체들과의 협업이 필요합니다. 대표적으로 직원들의 소리를 적극적으로 경청하고, 노동조합의 목소리를 고려해야 합니다. 고객은 가장 중요한 이해관계자 중 하나입니다. 이외에 미디어와 정부도 빼놓을 수 없습니다.

외부 소통, 정확하고 빨라야 합니다

회사에서 구조조정을 하게 될 경우에는 내부보다는 외부 소문으로부터 단초가 시작되는 경우가 왕왕 있습니다. 글로벌 기업의 경우에는 해외 언론이 보다 빠르게 보도하기 때문에 국내 언론은 영문을 번역한 수준에서의 보도를 내기가 일쑤입니다.

보도된 미디어를 확인하고 어떤 방식으로 소통할지를 정해야 합니다. 명확하고 빠르게 보도자료를 준비합니다. 특히 위기 상황 시나리오를 가져가야 합니다.

구조조정은 민감한 사안이므로 문제를 피하기보다는 적절한 대처가 무엇보다도 중요합니다. 외부 미디어에서 요청하는 질문 수준에 따라서 행동을 취해야 합니다. 보통은 글로벌 메시지의 큰 틀은 미국에 있는 본사에서 지시되고 각 나라에 전달됩니다. 각 나라는 번역을 하고 최종 내용은 국내 법무팀과 확인하게 됩니다. 만약에 민감도가 높은 질문들이 있으면 본부에 알리고 각 나라에서는 승인을 받아야 합니다.

내부 커뮤니케이션과 같이 외부 커뮤니케이션도 주된 책임과 정보의 흐름을 관리하게 됩니다. 사안이 민감하고 심각한 이슈를 담고 있다면 매일 아시아태평양본부 소통팀에 보고를 하게 됩니다. 어떤 미디어에 어떤 내용의 전달이 있었고, 어떤 질문에 대한 답을 했으며, 향후 미디어의 방향 등을 보고합니다.

11

모든 상황을
대비하나요?

커뮤니케이션 시나리오, 사전에 준비하세요

구조조정에 따른 다양한 이슈들이 발생하게 됩니다. 사전에 시나리오 플래닝scenario planning을 통해서 발생할 수 있는 문제들에 대해 대처해야 합니다. 경험을 바탕으로 대표적인 세 가지 시나리오를 가지고 이야기를 시작하고자 합니다.

우리 회사 감원한다는 소문, 바깥에서 들었어요

시나리오 1: 인원 감축 정보가 내부 소통 이전에 미디어로 유출
다음 질문을 통해서 전략적인 고려를 합니다.

- 보고된 정보가 얼마나 정확한가?

- 얼마나 새롭고 민감한 정보인가?

- 얼마나 구체적인 정보인가?

- 기자는 정보를 얻기 위해서 어떻게 했는가?

- 정보의 범주는 국내, 국제, 아시아 혹은 글로벌 수준 등 어떠한가?

- 뉴스와 방송이 여전히 이 스토리를 다루는가?

- 인력 감축 프로세스에서 어느 단계에서 발생했는가?

회사 내부에서는 이야기 내용 정확도에 관계없이 직원들이 사실로 받아들일 수 있습니다. 따라서, 빠른 행동을 취해야 합니다.

- 정보가 더 퍼지는 것을 막고, 공식적인 정보를 전달하는 것이 최우선입니다.

- 구축된 내부 소통 구조를 활용하여, 직원들이 직접 혹은 간접적으로 들었을 뉴스에 집중합니다.

- 소통 채널로 이메일 혹은 공식적인 인트라넷을 활용합니다.

- 정보의 원천을 찾습니다.

- 인력 감축 계획에 대해서 현재 상황의 정확한 정보를 주고 무엇이 진행되고 있는지 직원들에게 전달합니다. 유출된 정보는 회사가 선택한 채널 정보가 아님을 직원에게 확신시킵니다.

- 회사는 국내법을 준수함을 확신시킵니다.

외부에 유출된 내용은 어느 미디어에서 보도했는지 미디어의 공신력이 중요합니다. 다른 미디어에서 같은 날 혹은 다음날 이야기를 다룰 수 있기 때문입니다. 이에 따라 취해야 할 행동은 다음과 같습니다.

- 소통팀에 유출된 내용을 알립니다.
- 미디어에 법적으로 승인된 내용을 보냅니다. 기자에게 연결해 정보의 원천을 찾도록 합니다.
- 만약 미디어에 거짓된 정보를 준 것이라면 정확한 정보를 줍니다.
- 추가적인 행동을 결정하기 위해서 스토리의 퍼짐을 주의 깊게 모니터링합니다.
- 연락 오는 미디어 콜에 대해서 승인된 질의응답을 사용합니다.
- 본사, 아시아태평양본부 소통 조직에 즉각적으로 상황을 설명하고 행동을 취합니다.
- 회사는 국내법을 준수함을 강조합니다.

사무실에 붙인 대자보로 시끄러워요

시나리오 2: 사무실에서 집단 행동 발생

직원들의 집단 행동이 발생할 경우에는 다음의 질문을 통해서 전략적인 고려를 합니다.

- 정확하게 단체 행동의 본질이 무엇인가요?
- 다른 직원들을 방해하거나, 피켓팅, 스트라이크, 자산 손해들이 일어났나요?
- 많은 직원이 포함되었는지요?
- 무엇 때문에 시작되었고, 누가 시작했는지요?
- 다른 직원에게 위험을 가했나요?
- 국내 커뮤니티와 리더가 참여하나요?
- 보안과 지침이 전달되나요?
- 어떤 미디어가 우리의 스토리를 다루나요?
- 인력 감축 프로세스에 어떤 단계에서 발생했나요?

사무실에 있는 직원에게 영향을 주고, 그들의 사기, 태도, 행동에 영향을 미치게 됩니다. 직원의 웰빙과 안전이 최우선 목표가 되어야 합니다.

- 경영층, 인사, 보안, 법무는 직원의 집단 행동에 대해서 이유를 듣기 위해서 직원 대표를 만납니다.
- 회사의 포지션은 다른 직원을 협박하는 행동은 허용하지 않음을 전달하고, 여전히 개방된 대화를 유지함이 중요합니다.
- 사무실에 있는 직원들에게 정확한 정보를 소통하기 위해서 내부 소통 구조를 사용합니다.
- 공식적인 이메일, 게시판, 내부 소통 플랫폼을 적극 활용합니다.

구조조정

- 인력 감축에 관해서 사무실에 있는 직원에게 현재의 상황에 대한 정확한 정보를 줍니다.
- 국내법을 준수함을 재확인합니다.

외부 미디어의 경우, 텔레비전에 특별히 기사화되고, 미디어와 공급 업체로부터 외부 청중에 중요한 영향을 미칠 수 있습니다. 또한 추가적인 미디어로 확산될 수도 있습니다. 이에 대해 취할 행동들은 다음과 같습니다.

- 내부 경영진, 소통조직, 아시아태평양본부와 본사에 알립니다.
- 가능한 빨리 상황을 해결하기 위한 노력을 기울입니다. 법적인 검토를 거친 보도자료들은 미디어팀에 보내며 기자를 접촉하고 회사의 노력을 설명합니다.
- 미디어에 정확한 정보를 줍니다.
- 적절한 추가 행동을 결정하기 위해서 주의 깊게 스토리의 퍼짐을 모니터링합니다.
- 국내 미디어, 국제 미디어, 뉴스와이어 등에 적절하게 반응합니다.
- 요청하는 미디어 콜에 대해서 승인된 질의응답 서류를 사용합니다.
- 아시아태평양본부에 상황을 보고하고 즉각적으로 본사 소통 조직에도 알립니다.
- 회사는 국내법을 준수함을 전달합니다.

동료가 미디어에 인터뷰한 기사를 보았어요

시나리오 3: 미디어에서 직원을 직접 인터뷰

보통은 퇴사한 직원을 인터뷰하는 경우가 많습니다. 현직에 있는 직원은 아무래도 부담이 되기 때문입니다. 퇴사한 직원의 경우에는 미디어와 인터뷰할 때 감정이 실리고, 회사로부터 아쉬웠던 점을 보다 부각할 때가 있습니다. 이로 인해서 균형적인 시각에서 내용을 담기보다는 한쪽 방향으로 쏠리는 내용이 될 수 있습니다. 보도 제목도 구조조정과 관련된 자극적인 언어를 사용하죠.

언론에 보도된 것이 무엇이든지, 회사는 정확한 정보를 가지고 있기 때문에 이를 미디어에 전달해야 합니다. 만약에 내용이 편향되어 있다면 그 부분에 대해서 미디어에 충분한 자료를 제시하며 소통을 해야 합니다.

미디어를 통한 보도들은 사실 여부에 상관없이 내부 구성원들이 공식적인 정보로 여기고, 회사 평판에도 큰 영향을 미치므로 적극적으로 대처해야 합니다.

2부

인원 감축을
어떻게
잘 할 수 있을까?

12

구조조정 통지,
제대로 준비하나요?

기업이나 오피스를 소재로 한 영화를 보다 보면 상사가 부하 직원에게 '당신은 해고되었으니 회사에서 나가라you're fired'는 장면이 나오곤 합니다. 인사적으로 보면 회사들은 직원을 바로 내보내기보다는 적절한 절차를 거쳐서 퇴사 여부가 결정됩니다. 미국 기업을 예를 들어보겠습니다.

회사의 사정으로 해당 직원의 자리가 없어지면 그 직원에게 이러한 상황을 공식적으로 알리는 절차가 있으며 이를 통지notification라고 합니다. 한국의 경우에는 법적인 제한으로 인해서 직접적으로 개인에게 통지를 하지는 않습니다. 나라별로 차이가 있습니다.

글로벌 기업에서 인원 감축이 있을 경우에는 미국은 직원이 퇴사를 최종 결정할 때까지 모든 과정을 합리적이고 투명하게 진행합니다. 체계화된 프로세스로 절차의 공정성을 담보하게 됩니다. 그렇다면 어떤 프로세스가 갖추어질까요?

- 구조조정에 왜 이 직원이 대상으로 포함되었는지
- 본인에게 대상 리스트에 포함된 것을 어떻게 소통해야 하는지
- 회사가 대상 되는 직원들을 어떻게 대우하고 배려해야 하는지
- 퇴사 이전에 회사가 대상 직원을 지원하고 도울 부분은 없는지 살피고 이를 전반적인 절차에 포함합니다.

누구에게도 쉽지 않다

동서양을 불문하고, 인력 감축은 통지하는 사람과 통지를 받는 사람 모두에게 가장 어려운 주제입니다.

통지 시기 특히 회사는 직원에게 신뢰를 줘야 하고 직원은 존중되어야 하며, 통지를 전달하는 관리자의 리더십이 중요함은 지나치지 않습니다. 관리자의 행동 하나하나가 직원에게 영향을 미칩니다. 지속적인 소통은 절대적이며, 직원은 관리자가 명확하게 가이드 하길 원합니다. 관리자가 대화를 이끌고 질문에 답하는 유일한 사람이기 때문입니다.

인력 감축Workforce Reduction 프로그램에서 직원에게 통지하는 데 효과적으로 돕도록 가이드를 마련하는 것이 필요합니다.

- 구체적으로 언제 통지를 하고
- 어떤 방식으로 통지에 대한 회의를 하고
- 어떻게 직원에게 잘 전달할지
- 전달한 이후에 회사 내의 포지션의 재배치가 가능한지 등 필요한 지원을
  해야 합니다.

이전에 실행한 글로벌 인력 감축 프로그램을 상세히 설명해 보겠습니다. 일반적으로 글로벌하게 사용되는 인력 감축 프로그램은 총 11주로 구성이 됩니다.

- 실제 통지 이전에 1주가 소요됩니다.
- 통지 기간이 1주 동안 진행됩니다.
- 4주 동안 온사이트 재배치 기간이 있습니다.
- 5주의 오프사이트 잡서치와 임금 유지, 인력 감축 기간이 있습니다.

제가 글로벌이라는 용어를 사용했지만, 전 세계 모든 나라가 동일한 프로그램으로 운영되는 것은 아닙니다. 각 나라별 규제와 법에 따라서 큰 틀은 유지하되 세부 내용은 나라 간 다를 수 있습니다.

통지 주간을 정합니다

통지 이전의 첫째 주는 준비 기간으로(Week 1: Prepare),

- 관리자 통지 교육
- 관리자 통지팩
- 통지 미팅 준비: 특정 환경하에서, 개인 안전과 전산 보안

둘째 주는 통지 기간으로(Week 2: Notify),

- 통지 미팅을 완료
- 통지 로스터를 제출
- 통지 재배치를 지원

셋째 주부터 11주까지는 재배치 지원과 퇴사를 하게 됩니다(Week 3-11: Redeployment support and exit).

- 직원 지원
- 퇴사 체크리스트
- 자발적인 퇴사(통지 이전)
- 구조조정 시 직원으로부터 온 전화에 대처하는 법을 다룹니다.

구조조정

유용한 자원들로 아래 사항들을 챙기는 것이 필요합니다.

- 프로그램 요소와 일정
- 샘플 통지 스크립트
- 직원 지원 보호 프로그램(EAP) 정보
- 보안
- 퇴사 정지 프로세스
- 질의응답
- 퇴사 체크리스트
- 물품 회수 목록

통지하는 관리자에게 통지 교육을
(manager notification training)

통지 주간 중 첫째 주는 준비 단계로 구조조정 프로그램에 의해서 영향을 미치는 직원에게 통지하기 위해서 준비해야 할 많은 활동이 있습니다. 그중 하나가 통지하는 관리자에게 하는 통지 교육입니다.

교육 자료는 글로벌 인력 감축에 관한 정보를 가지고 통지관리자에게 제공하기 위해서 유용합니다. 또한 처음부터 끝까지의 통지 프로세스와 관리자가 완성해야 하는 활동을 포함합니다. 통지 교육을 통해서 당신에게 도움이 되는데 필요한 정보와 인사이트를 얻게 됨니다. 교육 내용에는 다음의 사항이 포함되면 도움이 됩니다.

- 인력 감축 프로그램에 대한 전반적인 이해
- 어떻게 통지 미팅을 준비하는가
- 해당 직원의 업무인수인계 이후에 다음 단계가 무엇인지를 이해하기
- 질의응답

회사는 회사가 의도하고 전달하길 원하는 사항만을 담길 원합니다. 그러나 관리자는 그들이 말하기 힘든 사항은 빼길 원하고, 구성원은 그들이 듣고 싶은 사항만을 소통하길 원합니다. 회사, 관리자, 직원들의 입장이 비슷한 듯 보이지만 사실상 차이가 있습니다.

회사는 구조조정 자체를 미화해서는 안 됩니다. 구조조정을 하게 된 원인이 누구 한 주체에 의해서 이루어지지 않습니다. 이 점을 확실히 할 필요가 있습니다. 관리자는 구성원들에게 좋은 얘기만 할 수 없습니다. 힘들고 고통스러운 이야기도 진솔하게 전달해야 합니다. 구성원은 구조조정에 따른 과정보다는 결과, 즉 그래서 내가 구조조정의 대상자인지에 초점을 맞추고 있습니다. 따라서 각 주체들의 입장을 고려하고 이를 관리자 통지 교육에 담아야 합니다.

특히 질의응답에 이러한 내용들이 반영되어야 합니다. 구성원들은 구조조정에 따라서 내가 해당되는지에 많은 질문이 쏟아집니다. 신사업에 따른 구조조정이라면, 사실상 없어질 포지션은 정해져 있고, 새로 신설될 포지션도 있게 됩니다. 따라서 회사는 회사의 기대치를

소통할 수 있습니다.

관리자와 직원을 위한 통지팩(notification packet)

통지하는 매니저는 통지팩을 받게 됩니다. 통지팩은 통지 프로세스에서 매니저와 직원을 지원하기 위한 것입니다.

통지하는 매니저는 매니저 가이드를 통해서 보다 잘 준비하고, 통지받는 직원은 단순히 포지션이 없어짐에 따라서 회사가 지원하는 다양한 내용들을 보다 구체적으로 전달받게 됩니다.

통지팩의 차별성은 개인별로 개인화된 팩을 준비한다는 것입니다. 예로 통지레터의 경우에 개인정보를 담은 나만의 내용들, 얼마의 특별 보너스가 주어지는지, 어떤 혜택이 제공되는지가 문서화되어 제공됩니다. 통지팩에는 많은 항목이 담기도록 설계됩니다.

관리자에게 전달되는 통지팩의 구체적인 항목은 다음과 같습니다.

- 인력 감축 통지에 관한 매니저 가이드
- 통지로스터
- 확인로스터

관리자를 통해서 직원에게 전달되는 통지팩의 구체적인 항목은 다음과 같습니다.

- 개별적으로 개인화된 통지레터

- 통지팩

- 잡서치 매뉴얼

- 요약계획서류

- 복리 후생 자원 플라이어

- 경력 전환 관련 브로셔와 플라이어

원거리에도 직접 통지팩을 전달해야

관리자는 해당 직원을 위한 통지팩을 책임지게 됩니다. 개인화된 통지레터상에 이름과 리스트들을 확인합니다. 만약 빠진 것이 있다면 통지 날짜 이전에 인사에게 연락합니다.

해당 직원에게 통지팩을 전달하는 것에 관해서

- 온사이트 통지에 관해, 직원 통지자료를 프린트하고 큰 개인화된 봉투에 넣습니다.
- 원격통지에 관해, 통지 미팅 동안 직원 통지자료를 이메일로 발송합니다.

통지팩은 개인 정보가 있어서 기밀 보호가 우선합니다. 통지는 관리자와 직원에게 모두 중요하므로 관리자는 직원에게 직접 대면으로 통지팩을 전달해야 합니다.

구조조정

해외에 관리자가 있는 경우, 그 관리자는 직원을 직접 만나기 위해서 먼 거리도 마다하지 않고 해당 나라에 가서 통지를 합니다. 그러나 관리자가 바쁘다는 이유로, 간단하게 이메일을 보내거나 전화를 걸어서 통지를 하는 경우도 있습니다. 이러한 경우에는 인사적인 문제가 많이 발생하는 것을 보았습니다. 매니저와 직원 간의 신뢰가 깨지고, 직원은 더 이상 해당 매니저와 대화를 단절합니다. 최악의 경우로 치닫게 되기도 합니다.

사실 관리자의 역할 중 하나는 사람 관리입니다. 나와 함께 일한 팀원이 명예롭게 회사를 떠날 수 있도록 이들이 회사를 조금이나마 이해할 수 있도록 그들을 위한 시간을 할애하는 것은 중요한 임무입니다. 나중에 문제가 터져서 이를 해결하는 데 시간을 낭비하기보다는 사전에 직원을 위해서 해외 출장도 마다하지 않는 정성과 노력, 명확한 커뮤니케이션을 할 때 이슈는 적어지게 됩니다.

통지 미팅에서의 가이드라인

매니저는 통지 미팅을 준비하기 위해서 통지팩의 내용을 충분한 시간을 갖고 검토합니다. 나의 주변에 특별한 환경이 있는지도 검토합니다. 예로 휴직 상태인 직원이 있는지, 병가 상태에 있는 직원이 있는지, 해외에서 근무하는 직원이 있는지 등을 살펴봅니다.

통지 미팅이 완성되기 이전에 통지 스크립트를 검토합니다. 당신이 중요하게 말하는 것을 생각하고, 어떻게 당신이 말할지를 생각합니다. 만약 말하고자 하는 것이 확실하지 않을 경우에는 추측하지 말고 인사부의 지침을 따라야 합니다.

미팅을 준비할 때 고려해야 할 가이드라인은

- 직원의 직속 관리자가 통지를 하는 것이 가장 좋습니다. 만약 직속 매니저 상황이 적합하지 않다면, 차상위 관리자 혹은 비즈니스 인사 매니저가 통지를 수행합니다.
- 통지 매니저는 통지 미팅을 대면으로 해야 할지 전화를 해야 할지 결정합니다. 만약 미팅이 원격으로 수행된다면 통지 매니저는 직속 직원에게 통지 자료를 이메일로 발송할 책임을 지고, 직원은 개인적으로 이를 확실시합니다. 통지를 위한 출장은 출장 제한에 따라서 유동적입니다.
- 어떻게 직원이 통지를 받고 미팅 일정을 잡을지 결정합니다. 추천된 방식은 관리자가 아침에 해당 직원을 만날 시간을 정하는 것입니다. 이는 프라이빗 미팅이 되어야 합니다.

특별한 상황이 발생할 수도

통지 미팅에서 준비하는 부분으로서, 통지 미팅을 완료하는데 특별한 상황을 지닌 직원을 파악하고 통지 확인을 합니다.

특별 상황에서 통지가 지연될 경우에는 매니저는 통지를 즉각적으로 끝냄을 확실시하고, 통지 과정이 지연될 경우에는 통지팩의 안내 사항에 따라서 전달하는 것이 필요합니다. 만약 안내된 내용대로 순차적으로 행동하지 않는다면 위험이 발생합니다.

직원이 인원 감축 서류를 받고 경력 전환 지원에 관해서 전직 서비스 업체에 연결하거나 통지되기 이전에 내부 기회에 관해서 인사담당자를 연결할 수도 있습니다. 휴가를 허용할지 말지에 대한 결정 혹은 통지를 지원하기 위해서 비즈니스 출장 일정을 잡아야 하는 상황이 생깁니다.

- **휴가/비즈니스 여행:** 만약 통지하는 주에 직원이 휴가에 있거나 비즈니스 여행으로 부재중일 경우에는 관리자는 다음 가능한 통지날짜로 통지를 옮겨야 합니다.
- **의료와 병역 장기 휴직(Leave of absence):** 의료, 병역으로 휴가 혹은 휴직인 경우, 직원이 휴가로부터 돌아올 때까지 직원이 상황에 대해 취할 소통이 없습니다. 통지 매니저는 직원이 돌아오는 것에 관해서 행동하기 이전에 인사로부터 지침을 받습니다. 만약 직원이 휴가로부터 돌아오면 통지 매니저는 인사와 협의해서 최종 퇴사일을 수정하고, 통지 날짜를 정합니다. 관리자는 인사와 일하고 통지편지와 퇴직 관련 서류를 직원에게 보냅니다.
- **개인 휴가(personal leave of absence):** 통지 매니저는 포지션이 영향을 미침을 전달하면서 직원을 접촉합니다. 관리자는 개인 휴가 정책을 설명합니다.

- **국제전근:** 만약 직원이 국제전근상에 있다면international assignment, 귀환 절차를 밟고 통지일을 정합니다. 직원이 본국으로 돌아올 때까지 직원에게 통지해선 안 됩니다.

13

구조조정 대상자에게
어떻게 잘 통지할까요?

개인 상황에 따라 통지를 대하는 태도가 달라야

희망퇴직이 실시되면 어느 회사든지 문제없이 잘 마무리되길 바랍니다. 하지만 생각만큼 현실이 녹록지 않습니다. 하지만 사전에 철저하게 준비한다면 원하는 결과에 근접할 수는 있습니다.

희망퇴직을 담당하는 부서 혹은 팀들은 프로그램 전반에 대해서 사전에 철저하게 숙지하는 것이 필요합니다. 이를 위해서는 프로그램 취지, 목표, 패키지 내용, 베니핏뿐만 아니라 예상 질의응답을 준비합니다.

경험에 의하면 개인이 처한 상황에 따라서 통지를 대하는 태도가 달라집니다. 미혼일 경우에는 희망퇴직 지원에 대해서 좀 더 도전적인 성향을 보이고, 기혼의 경우에는 가족을 부양하기 때문에 보다 소극적인 성향을 보입니다. 그러나 맞벌이 부부의 경우에는 배우자가 안정적인 직업을 가지고 있을 경우에는 희망퇴직에 대해서 적극적으로 고려하는 태도를 보이는 경향이 있습니다.

따라서 희망퇴직 제도에 해당되는 자에 대해서, 대상자들의 기본 인적 사항들을 잘 이해하는 것이 필요합니다.

육하 원칙하에 일대일 면담을

희망퇴직 제도 대상자와는 기본적으로 일대일 소통이 중요합니다. 일대일 소통에서는 대면 면담 형태가 가장 적합합니다.

효과적인 일대일 면담이 되기 위해서는, 누가Who, 언제When, 어디서Where, 무엇을What, 어떻게How, 왜Why 육하 원칙을 적용하여 준비합니다.

누가

누가 면담을 진행할지를 정합니다. 대부분 직속 관리자가 되나, 사안에 따라서 차상위 관리자가 될 수도 있습니다. 만약에 조직개편에 따른 변경이라면 인수한 조직의 관리자가 조직 개편된 사람을 면담합니다. 만약 인수된 기업의 구성원이 퇴직해야 한다면 인수된 기업의 기존 관리자가 면담을 하도록 이끕니다.

구조조정

언제

평일 중 덜 바쁠 때를 선택하고 날짜를 정합니다. 정해진 공식은 없으나, 주로 목요일 혹은 금요일을 택하여 당사자가 주말에 생각할 시간을 제공하는 것이 좋습니다.

어디서

내용 자체가 민감한 사항이므로, 가능하면 사람의 이동이 적은 회사의 회의실을 선택합니다. 외부의 커피숍 등 캐주얼한 장소를 선택하기보다는 공식적이며 조용한 장소를 선택하는 것을 권합니다. 회사의 공식적인 메시지를 전달하는 장소이기 때문입니다.

무엇을

면담 시에는 초기에 제시할 자료, 중간에 제시할 자료, 마지막에 제시할 자료를 구분합니다. 면담에서 초기에 제시할 자료는 회사의 현황, 비즈니스 현황과 팀의 현황이 담긴 간략하게 수치화된 내용입니다.

면담 중간에는 희망퇴직에 대한 패키지를 잘 설명해야 합니다. 희망퇴직 보너스가 얼마나 준비되었고, 개인의 상황을 고려한 복리후생 등을 안내합니다.

면담 마지막에는 다음 일정을 잡으면서 마무리합니다.

어떻게

면담하는 자와 면담 대상자 모두에게 부담스러운 시간입니다. 분위기가 무거워서 이를 해소하기 위해서 면담자는 농담 등 장난스러운 얘기를 먼저 꺼내고 시작하는 경우가 있습니다. 심각한 이야기에 가벼운 가십거리는 삼가야 합니다. 상대방 입장에서는 왜곡할 수 있습니다. 개인에게는 얼마나 중요한 사안입니까?

사실상 분위기가 무거운 것이 더 자연스럽습니다. 무언가를 만들려 하지 말고 있는 그대로 사실을 바로 시작하는 것이 좋습니다. 주변 얘기를 빙빙 돌리기보다는 전달할 말을 바로 합니다. 왜 희망퇴직을 해야 하는지 내용을 설명합니다. 간결하고 명확하게 메시지를 전달합니다.

희망퇴직 제도에 대해서 발표된 공지사항을 다시 한번 설명합니다. 특별보너스는 어떻게 되는지, 신청 기간은 언제까지인지, 복리후생은 어떻게 적용되는지, 기타 주요한 사항들을 전달합니다.

첫 만남에서는 너무 자세한 내용을 전달하기보다는 주요한 내용만을 전달하고, 질문이 있는 경우에 이에 대해 충실히 답변합니다. 첫 만남에서 본인이 의사결정을 이미 할 경우에는 신청서를 받게 됩니다. 첫 만남에서의 대화 시간은 30분 이내가 좋습니다. 시간이 길어질 경우에는 서로의 감정적인 부분을 건드릴 수 있습니다.

왜

왜 일대일 면담이 필요할까요? 개인의 입장에서 처한 사항이 각기 다르므로 사적인 이야기가 오고가게 됩니다. 집단을 대상으로 한 공지에서는 공식적인 전달만이 있게 됩니다. 개인 입장에서는 궁금한 사항들이 많을 수 있습니다. 이에 대해서 해소하는 차원입니다.

예로 조직 개편에 따른 선정 기준이 무엇인지를 알립니다. 즉 어떤 포지션이 있고, 이에 대한 역할과 책임이 무엇인지, 직무 요건들을 전달하고, 이에 대한 직무 적합성을 설명합니다.

이미 희망퇴직을 결정한 자의 경우에는 퇴사 이후 어떤 서비스가 있는지에 궁금해합니다. 본인이 수령하게 될 퇴직금과 희망퇴직특별보너스는 얼마가 되는지, 실업급여의 절차 등 현실적인 부분을 질문합니다. 개인의 특성에 맞게 효과적으로 전달하는 것이 필요합니다.

통지관리자 역할, 실제로는 무척 버거워합니다

면담을 시작하기에 앞서 회사는 면담자를 대상으로 교육을 실시하고, 라운드테이블에서 자유토론이 이루어지고, 최종적으로 모든 것을 정리하는 역할극을 하게 됩니다.

관리자들이 스마트하게 역할을 잘 할 것 같지만 실제로는 그렇지 않습니다. 따라서 맨 처음부터 마지막까지 순서를 전달하고, 어떤 대화를 이끌지 코칭하게 됩니다. 상대방의 의견을 비판할 수는 있어도 내가 그 위치가 될 경우에는 쉽지 않습니다. 역할극에서 매니저의 성향이 극명하게 나타납니다. 이러한 상황이 현실에서도 가끔 발생합니다.

어떤 매니저는 지시적인 태도를 보입니다. "우리 팀 실적이 안 좋고 당신 실적도 최하위이므로 팀을 떠나주시죠." 어떤 매니저는 협박적인 자세를 취하기도 합니다. "자리가 없어져서 더 이상 버텨야 소용이 없습니다. 회사에서 준비해 줄 때 나가시죠." 또 다른 매니저는 "우리 팀에는 모두 기혼자들이라서 가족을 부양해야 합니다. 미혼인 당신이 나가주세요." 한 매니저는 "한 살이라도 어린 당신이 나가세요. 나이가 어리니깐 취업하는 데는 어려움이 없을 것이에요." 다른 매니저는 "여성 직원에게 맞벌이이니, 외벌이하는 남성 직원이 회사에 남아야 하니, 희망퇴직을 신청하죠."

어떤 면담 대상자는 들어오자마자 녹취를 한다고 하면서 면담자에게 압력을 행사하는 경우도 있죠.

관리자 중에서 읍소형도 있거나, 책임전가형, 무책임형도 종종 나타납니다. 읍소형의 경우에는 관리자가 면담 대상자에게 "희망퇴직 신청 기간 내에 지원해 달라, 그렇지 않으면 서로 힘들어지니, 꼭 협조해 달라." 매니저는 "나도 위에서 시켜서 하는 것이다. 조직이니깐 따라야 하지 않느냐"라고 회사에게 책임을 전가하는 것입니다. 어떤 매니저는 이렇게 얘기하기도 합니다. "왜 구조조정을 하는지 나도 이해하지 못한다. 어쩔 수 없지 않나, 당신도 눈치껏 행동해라. 이 풍파만 잘 넘기면 되니깐."

통지 미팅에서 다양한 반응을 보게 됩니다

해당 직원에게 인력 감축에 대한 통지를 전달할 때 여러 반응이 나타나게 됩니다. 대표적으로 내용 자체를 거절하거나, 우는 사람도 있고, 불안감을 감추지 않거나 크게 화를 내게 됩니다. 면담을 진행하는 관리자 입장에서는 그들의 반응을 이해하고 적절하게 그들에게 어떤 반응을 보여야 하는지 인지하는 것이 중요합니다.

우선적으로 인력 감축의 대상자가 되었음을 알리는 통지의 내용을 거절하는 경우입니다. 대상자 입장에서는 놀라움이 될 것입니다. 이러한 상황을 이해하는 데 어려움이 있음을 공감해야 합니다. 그들에게 무엇이 필요한지에 대한 방향성을 알려줘야 합니다. 또한 이들이 정보를 소화할 시간을 주어야 합니다.

다음은 인력 감축의 대상자가 되었음을 통지할 때 우는 경우입니다. 직원이 느낌을 표현하도록 허용합니다. 티슈를 주고, 천천히 숨을 쉬도록 격려합니다. 대상자가 감정을 잘 추스르도록 도와주는 것이 필요합니다. 그들이 무엇을 아는 것이 필요한지와 무엇을 해야 하는지를 전달합니다. 만약에 직원이 냉정해지지 않으면 도움을 줘야 합니다.

그 다음은 인력 감축의 대상자가 되었음을 통지할 때 불안감을 표시하는 경우입니다. 대상자가 극단적으로 민감해하며 패닉 상태가 될 수도 있습니다. 느낌을 표현하도록 허용합니다. 인력 감축이 되나 어떤 프로세스가 있고 그들에게 어떤 서비스를 제공하는지를 확실시합니다. 이러한 상황이 힘들지만 앞으로 어떤 계획이 있는지를 제시합니다. 대상자가 한 발 떼도록 권고하면서 시간을 가집니다.

마지막으로 인력 감축의 대상자가 되었음을 통지할 때 화를 내는 경우입니다. 대상자는 큰 소리로 화를 내며 적대감을 표출합니다. 조용한 목소리를 사용하고 화가 잦아들도록 기다립니다. 어느 정도 안정화 되었을 때 어떤 절차로 진행되는지를 전달합니다.

간혹 상대방이 너무 심하게 화를 내면 반대의 경우가 발생하기도 합니다. 면담자의 감정이 격해질 경우 대화를 중지해야 합니다. 다음 모임에 면담자가 역할을 하지 못하는 상황이 되면 면담자의 차상위 관리자가 대화를 이끌어야 합니다.

14

힘든 통지 면담,
비법이 있을까요?

전체 일의 흐름을 정하세요

구조조정에 따른 감원을 통지할 시점이 다가왔을 때 전체적인 흐름을 정하는 것은 업무에 큰 도움이 됩니다.

희망퇴직을 하는 이유가 특정 사업부의 통폐합으로 인해서 조직의 구조조정에 따른 인력 감축일 경우에는 통폐합에 따른 구성원들이 감원의 대상자가 될 것입니다. 일차적으로 해당 사업부에 속한 구성원들을 대상으로 면담을 실시해야 합니다.

면담의 결과로 대상자가 나오게 됩니다. 대상자들의 인적 사항들을 살피고 이들에게 준비한 프로그램을 제공합니다. 사실상 프로그램을 제시할 때는 권유의 논리와 사전 준비를 잘 해야 합니다. 또한 새로운 경력에 대한 동기를 가지도록 방안들도 함께 준비합니다.

대상자들은 다양한 반응을 표출하기 때문에 이에 대한 준비도 필요합니다. 특히 대상자 중 왜 내가 면담에 임해야 하는지에 대해서 충실한 답변을 가져야 합니다.

면담에서 지켜야 할 팁

- 면담하는 자는 상대방에게 구조조정의 배경, 경영환경의 변화, 조직의 방향 등을 설명합니다.
- 비즈니스 맥락에서의 인력을 줄이는 결정을 전달합니다.
- 면담하는 자는 매니저로서 당신에게 전달한 주된 비즈니스 메시지를 사용합니다.
- 면담에서의 통지 미팅이 당신에게 어려운 반면, 상대방은 더 어려움을 겪고 있다는 것을 아셔야 합니다.
- 오히려 직원에게 집중하세요.
- 또한 전달하고자 하는 내용에 집중합니다.
- 상대방이 말하는 것을 끊지 말고 끝까지 경청합니다.
- 눈을 마주보고 말하며, 당신 자신이 그렇게 되도록 합니다.
- 인사 정책과 절차에 대해서 잘 이해하고 전달합니다.
- 구조조정 결정이 모든 자에게 어려운 것임을 강조합니다.
- 면담하는 자가 알고 있지 않는 것을 직원이 질문하는 경우들이 종종 있습니다. 이에 대해서 정확한 답을 할 수 없을 경우에는 알아보고 추후에

답을 하겠다고 말합니다. 자신이 확실히 할 수 없는 사항에 대해서 잘못 답변을 할 경우에는 큰 문제가 생기게 됩니다.

- 대화를 하다 보면 꼬리에 꼬리를 물고 대화를 지속합니다. 오랜 시간 대화하기보다는 30분 이내로 대화를 마무리하는 것을 권합니다.

- 대화 도중에 상대방이 느끼는 것을 자유롭게 말하게 하도록 하세요. 상대방을 존중하고 그들과 공감하는 것도 중요합니다.

대화에서 주의할 팁

- 인력을 줄이는 메시지에 대해서 사과하거나, 방어적이 될 필요는 없습니다.

- 면담하는 자와 면담 대상자와의 통지 미팅이므로 해당자가 아닌 주변 사람들과 비교하거나 그들의 이야기를 전달할 필요는 없습니다.

- 면담자가 할 수 없는 것에 대해서 도움을 주겠다고 약속을 해서는 안 됩니다. 나중에 약속을 지키지 못하게 될 경우에는 면담자와 면담 대상자 간 신뢰에 금이 가게 됩니다. 면담 대상자는 면담자가 약속을 지키지 않았다고 생각하기 때문입니다.

- 어떤 관리자는 자신이 다음 약속이 있다고 하고 상대방의 말은 듣지 않고 자신이 할 말만 하고 사라지는 경우가 있습니다. 상대방 입장에서는 자신이 배려 받기보다는 상대방이 자신을 무시한다고 생각합니다.

- 면담자와 면담 대상자의 휴대폰이 계속 울리는 경우가 있습니다. 힘든

대화임에도 방해되는 요소가 있을 경우에는 대화의 맥이 끊기게 됩니다. 따라서 대화 시작 전에 서로의 휴대폰을 끄도록 권고합니다.

- 대화 중에 회사든, 경영층이든, 관리자든, 동료든, 후배든 누구도 비난하지 마세요. 앞으로 어떻게 해야 할지에 대화를 집중합니다.

이런 말은 피하세요

주의할 팁을 드렸으나 바로 와닿지 않을 수도 있습니다. 회사 내에서 관리자들이 직접적으로 말해서 문제가 된 내용들을 정리했습니다. 여러분은 어떻게 소통하고 계신지요? 내가 만약에 아래와 같이 말한다면 문제가 생길 수가 있습니다.

- 이번에 희망퇴직 대상자가 되었으니 무조건 희망퇴직을 신청해야 합니다.
- 희망퇴직이 시작되었습니다. 신청 기간 내에 희망퇴직 신청서를 제출하지 않으면 회사는 가만히 있지 않고 여러 가지로 당신에게 불이익을 줄 것입니다.
- 희망퇴직을 신청하지 않을 경우, 내일부터는 자리도 없고 업무도 없을 것이니 출근할 필요도 없습니다.
- 관리자로서 당신이 나가는 것을 나는 원하지 않으나 회사가 결정한 사항이니 어쩔 수 없이 따라야 합니다.

- 회사에서 우리 팀 성과가 가장 좋지 않습니다. 당신이 한 몫을 한 것 알죠. 알아서 나가기 바랍니다.
- 회사에 오랫동안 다녔고 나이도 많으니 희망퇴직을 신청하십시오.
- 부서를 위해서 이번에 꼭 희망퇴직을 신청하십시오.

단계별 스토리라인으로 일관성 유지

스탭 1

- 조용한 미팅룸으로 안내를 합니다.
- 가볍게 인사 이후에 면담을 하는 이유를 설명합니다.

스탭 2

- 회사가 왜 구조조정을 하게 되었는지 배경을 설명합니다.
- 회사의 비즈니스 상황, 비즈니스의 방향성, 재무적인 상황 등을 전달합니다. 너무 장황하지 않고 간결하고 정확하게 제공하는 것이 필요합니다.
- 구조조정에 따른 희망퇴직 제도를 소개하고, 대상 기준, 대상자에게 제공되는 혜택을 상황에 맞게 강조합니다.
- 희망퇴직 제도를 신청하지 않았을 경우의 조직의 변경들을 설명합니다.

스탭 3

- 일대일 면담을 통해서 상대방의 질문에 성심껏 답변을 합니다.

- 만약 답을 할 수 없을 경우에는 추후에 답변을 제공함을 약속합니다.

스탭 4

- 희망퇴직 신청서 작성, 제출 기간, 진행에 관련된 행정 절차를 설명합니다.
- 면담에서 바로 신청서를 수령하거나, 본인이 신청서를 제출하도록 안내합니다.
- 모든 서류는 본인이 자발적으로 적도록 합니다.

15

통지 후에도 회사는 재배치 노력을 하나요?

구조조정에도 회사는 안정적인 고용을 먼저 생각합니다

구조조정은 아무리 잘해도 잡음이 생길 수밖에 없습니다. 회사는 대상자들에게 통보를 하더라도 퇴사할 때까지 끝까지 고용의 기회를 찾아주고, 이는 말로만 하는 것이 아니라 제도화하여 실행하고 직원들에게 적용하는 것이 중요합니다.

대표적인 것이 내부 재배치 제도입니다. 구조조정에 따른 내부 재배치 제도는 핵심인재가 이탈되는 것을 최대한 막고, 직원에게 적합한 자리가 있다면 기회를 제공하는 것입니다.

특히 글로벌 기업은 전 세계에 직원이 있기 때문에 효율적인 인력 관리가 보다 중요합니다. 내부 재배치 제도를 운영하는 데 상당한 노력과 시간이 걸리나 글로벌 기업은 구성원들을 위한 최대한의 노력을 기울입니다. 따라서 구조조정에 따른 내부 재배치는 인재관리 철학에 기반을 둡니다. 즉 안정적인 고용을 무엇보다도 중시합니다. 구조조정으로 사람을 내보내면서 안정적인 고용을 추구한다니 이해가 되지 않는다고요?

이는 무조건 구조조정으로 사람을 자르는 것이 아니라, 조직 내부를 다시 들여다보고 어딘가 고용을 할 수 있는 직무들을 살펴본다는 의미입니다. 인재관리 철학을 소개함으로써 보다 정확한 답이 될 수 있습니다.

- 안정적인 고용은 직무에서 개인의 성과뿐만 아니라 경쟁적인 현실과 깊은 관련이 있습니다. 직원은 급변하는 환경 속에서 이에 요구되는 역량을 갖추도록 노력할 책임이 있습니다.
- 내부 잡포스팅을 통해서 빈자리가 공지되었을 경우, 회사는 직원의 역량이 외부 인재와 비교했을 때 충분히 경쟁적이라면 직원은 잡포스팅을 통해 공고된 직무에 우선적으로 배려됩니다.
- 업무가 없어지거나 인력이 축소되어야 할 부서에서 일하고 있는 직원은 그 직원의 역량이 현재 혹은 향후 비즈니스에 필요하고 회사 내/외부의 인재와 비교했을 때 충분히 경쟁적이라고 생각되면 잡포스팅으로 공고된 직무에 우선시 됩니다.

이러한 철학이 구조조정에 따른 내부 재배치 전략에 어떻게 근간이 된다는 것일까요?

우선 내부 재배치는 직무의 재배치가 대표적입니다. 회사는 재조직, 사업부 이동, 다운사이징과 같은 다양한 비즈니스 환경하에 있습니다. 구조조정으로 단순히 사람을 내보내서 비즈니스 요구를 적절히 맞추고 사업 목표를 달성하는 데 많은 한계가 나타났습니다. 따라서 회사의 목표와 정책과 일치되며 변화하는 환경에 신속히 대처하기 위한 인력관리 프로그램으로 내부 재배치가 탄생하게 되었습니다. 직원이 지닌 역량이 비즈니스 요구에 부합되고 내부와 외부 인재와 비교하여 경쟁력이 있을 때 이루어집니다.

직무 재배치로 인재 재배치

회사가 경쟁력을 유지하기 위한 가장 중요한 목표 중에 하나는 뛰어난 인재를 뽑고 인재를 보유하는 것입니다.

과거에 몇몇 사업부들은 동일한 직무에 대해 다른 사업부가 필요로 하는 능력을 갖춘 사람을 잃는 경우도 있었습니다. 구조조정에 따라서 이러한 문제가 더 부각되었습니다. 따라서 Reassignment program을 통해서 뛰어난 인재의 유출을 방지하고, 적합한 직무에 적합한 인재를 적절한 시기에 배치시키는 것에 초점을 두었습니다.

구조조정에 따른 내부 재배치Reassignment는 즉시 배치Direct Assignment와 재배치 풀Reassignment pool로 나누어집니다.

- **Direct Assignment:** 비즈니스 요구에 맞는 역량을 직원이 보유한 경우 사업부 혹은 지역에서 공고한 직무에 바로 배치됩니다.
- **Reassignment Pool:** 공고된 직무가 광범위하게 산재 되어서 즉시 배치될 수 없는 경우로 직원이 능동적으로 직무를 찾아야 하며, 60~90일의 기간이 주어집니다. 또한 Direct Assignment를 거절하는 사원은 Reassignment Pool로 분류됩니다.

다음은 Unassigned(배치되지 못함)입니다. Reassignment Pool에서 일정 기간이 지나도록 적합한 직무를 찾지 못한 경우로, 직원은 퇴사하고 각종 퇴직 혜택을 받게 됩니다. 직원이 퇴사 시의 법정퇴직금 이외에 특별퇴직금과 다양한 수혜 혜택이 주어집니다.

배치 프로세스는 어떻게 이루어지나요?

각 사업부는 조직 설계에 따른 고용과 적절한 인력관리 프로그램을 결정하는 데 아래와 같은 절차를 밟아야 합니다. 공정성을 위해서 모든 선발 과정에는 다수의 관리자들이 참여하고, 반드시 인사담당 관리자가 참여해야 됩니다.

1단계	각 사업부는 경쟁력을 갖추기 위해 중점으로 두어야 할 비즈니스와 이와 관련된 설계, 구조, 프로세스를 결정해야 합니다.
2단계	각 사업부는 조직 구조에 필요한 역량(기술, 능력, 지식, 경험, 성과)을 결정하고 문서화합니다.
3단계	각 사업부는 현재 보유하고 있는 사원의 역량을 조사하고 제안된 조직 구조에 필요한 역량과 비교합니다.
4단계	각 사업부는 제안된 조직 구조에 적합하다고 판단되는 사원을 선발합니다. 뛰어난 역량을 보유한 사원은 적절한 직무에 즉시 배치될 것입니다. 사업부에서 직원을 다른 사업부로 보내야 되는 경우, 뛰어난 역량을 가진 직원은 사업부 간 적절히 조율해야 합니다.
5단계	배치되지 않은 사원은 'Reassignment pool' 혹은 'Unassigned' 프로그램에 해당됩니다. 위의 2, 3, 4단계는 사원이 'Reassignment pool'이나 'Unassigned' 프로그램에 해당될 때마다 요구됩니다. 선발과정의 공정성을 위해서 선발 서식과 일반 서식에 기재하고 진행하게 됩니다.

재배치에 어떤 역량이 요구되나요?

역량이란 직무에 요구되는 기술, 경험, 지식, 성과를 통틀어 지칭합니다.

과거에 재배치 프로그램은 근속 연수가 주된 기준이었습니다. 그러나 비즈니스 환경 변화로 근속 연수 대신에 '역량'을 기준으로 하고, 회사가 시장에서 이길 수 있도록 적합한 일자리에 적합한 인재가 배치되었습니다.

'지원한 직원은 내부적으로나 외부적으로 경쟁력 있는 역량을 지니고 있어야 한다'는 말은 '모든 자리를 외부에서 충당하겠다'는 뜻으로 오해하는 분들도 있습니다. 이는 잘못된 이해입니다.

회사는 내부에서 승진과 발전, 공정한 고용을 위해서 인사 철학에 충실하고 있습니다. 이 기본 철학에 맞추어, 회사는 사원들을 위해 경력 발전 기회와 후원을 아끼지 않고 있습니다. 직원들은 급변하는 시장 환경 속에서 '역량'을 소지해야 할 의무가 있음을 인지하여야 합니다. 회사는 일자리에 가장 유능한 사람을 뽑는다는 것을 알아두셔야 합니다.

Direct Assignment와 Reassignment Pool

Direct Assignment하에서 각 사업부는 직무에 필요한 요건과 역량을 신속하게 확인할 수 있으며 사원과 사업부 간에 괴리를 최소화 시킵니다.

'Reassignment Pool' 프로그램과 'Direct Assignment'가 어떻게 다른지 보면, Reassignment는 공고된 직무가 있을 때 사용되나 직무가 폭넓게 산재되어 있고 즉시 배치되지 못할 때 생깁니다. 만약 Reassignment period가 끝나기 전에 적절한 공석이 생긴다고 회사가 생각하면, Direct assignment 되지 못한 사원들은 'Reassignment Pool'로 가게 됩니다.

직원들은 'Direct Assignment' 'Reassignment Pool' 'Unassigned'의 순서대로 움직이는 것은 아닙니다. 주어진 특별한 사업 환경에 따라서, 사업부는 하나 혹은 둘 이상의 프로그램을 같이 사용할 수 있습니다.

예를 들어 한 사원이 'Direct assignment'로 배치되어 있는데, 자발적으로 'Reassignment Pool'에 있는 다른 사원과 교체할 수 있지는 않습니다.

인력관리 프로그램 하에서의 배치는 역량에 의거해 이루어집니다. 'Direct Assignment'나 'Reassignment Pool'에 있는 사람에게는 퇴직 혜택이 주어지지 않습니다.

회사는 'Direct Assignment'에 있거나, 'Reassignment Pool'에 있는 경우는 직무가 정해질 것이 예상 되므로 특별퇴직금을 제공하지 않는 이유입니다. 이는 역량을 보유한 사원을 유지하기 위한 또 다른 이유입니다. 알기 쉽게 표로 정리하면 다음과 같습니다.

프로그램 정의

Reassignment
- 직원의 재배치는 직원의 역량(기술, 능력, 지식, 경험, 업적 수행)이 미래 회사의 요구에 부합될 수 있는 여러 비즈니스 환경에서 인정될 수 있습니다. (예를 들어, 부서 재조정, 사업부 이동이나 통폐합, 축소)
- 직원이 지닌 역량은 회사 특정 사업부의 요구를 고려하였을 때 회사 내외부의 인재들과 비교하여 충분히 경쟁적이어야 합니다.
- 직원은 상황에 따라 바로 임명될 수 있거나(Direct Assignment), Reassignment Pool로 이동할 수 있습니다.

Unassigned
- 직원은 Reassignment Pool 기간 내에 혹은 그 기간이 만료하였을 당시 적당한 직책을 찾지 못하는 경우 Unassigned로 분류되어 관리됩니다.
- 직원은 조직이 요구하는 기술이나 역량을 가지고 있으나 그 조직에서 인력이 과다하여 그 직원을 수용하지 못하고 다른 조직에도 필요하지 않은 경우 혹은 회사 특정 사업부와 부합되지 않는 경우 직원은 Unassigned로 분류됩니다.

유형

Direct Assignment
- Reassigment Pool 프로그램은 회사에 활용 가능한 역량을 필요로 하는 직무가 공석으로 남아 있는 경우 적용되도록 합니다.

Reassignment Pool
- 그러나 그 공석은 광범위하게 산재하고 있을 수 있으며 즉각적인 배치가 이루어지지 못할 수도 있습니다.
- Reassignment 기간이(60~90일) 끝나기 전에 적합한 직책이 주어질 거라 생각되는 경우에 회사는 바로 재배치되지 못한 직원을 Reassignment Pool에 분류합니다.
- 이 Reassignment Pool 기간에 직원은 job posting을 이용하거나 능동적으로 회사 내의 다른 직책을 찾아봐야 합니다.
- 이 단계에서도 역시 Direct Assignment는 일어날 수 있습니다.
- Reassignment Pool에서 재임명되지 못한 직원은 Unassigned 프로그램으로 이동, 분류됩니다.

Unassigned
- Direct Assignment와 Reassignment Pool 프로그램에서 적합한 직책을 찾지 못한 직원은 Unassigned 프로그램으로 이동, 관리됩니다.

구조조정

- Unassigned의 직원은 능동적으로 적합한 직무를 찾아보고 인터뷰에 응해야 합니다.
- 일정 기간이 끝나도록 적합한 직무를 찾지 못한 직원은 회사를 퇴사하고 퇴직 혜택을 받을 수 있습니다.
- 성과와 징계 요소는 Unassigned 상태를 결정하는 데 부분으로 참고되나, 성과 관리와 징계에 대한 대체로서 의도되어서는 안 됩니다.

배치 과정

Direct Assignment
- 매니저는 새롭게 구성될 조직에 가장 필요한 역량을 지닌 직원을 임명할 수 있습니다.
- 만약 직원 수보다 자릿수가 더 적다면, 공정한 경쟁을 통해서 적임자를 찾도록 합니다.
- 만약 자신의 직무가 새로운 조직이나 지역으로 이전하는 직원은 그 조직이나 지역으로 이동할 수 있습니다.
- Direct Assignment는 일반적으로 직책의 레벨이 동일하거나 낮은 직무로 이동하는 경우에 성립됩니다.(대개 2만큼의 레벨 차이가 나는 경우와 다른 조직과 사업부 내로 이동하는 경우)
- 직원은 배치안을 수용하도록 합니다. 그러나 지역(Asia Pacific, Europe) 내/외의 제안을 거절하는 경우 직원은 즉시 Reassignment Pool 프로그램으로 이동, 관리됩니다.
- 즉각적으로 배치되지 못한 직원은 Reassignment Pool이나 Unassigned 프로그램으로 이동, 관리됩니다.

Reassignment Pool
- Reassignment Pool내에서 직원은 적극적으로 정해진 기간 동안 알맞은 직무를 찾아보아야 합니다.
- 직원은 그 역량이 내외부의 경쟁자들과 비교해 보았을 때 충분히 경쟁적이고, 현재와 미래 회사에 필요한 것으로 판단되면 우선적으로 임용될 수 있습니다.
- 이 단계에서도 Direct Assignment는 일어날 수 있습니다.
- 직원은 배치안을 받아들이도록 합니다. 그러나 Reassigment Pool 기간 동안 Direct Assigment 혹은 job offer를 거절한 직원은 남은 기간 동안 Reassignment Pool 프로그램에 남아 있게 됩니다.
- 직원이 같은 지역 내의 Direct Assigment나 job offer를 거절하고, Reassignment기간이 끝날 때까지 알맞은 직무를 찾지 못하면, 그 직원

은 Unassigned 프로그램으로 이동, 관리될 수 없습니다.

- 직원은 job offer를 거절함으로써 자발적으로 회사를 퇴사할 수 있습니다 그러나 사원은 남은 기간 동안 알맞은 직무를 찾기 위해 Reassignment Pool 프로그램에 남아 있을 수 있습니다.
- 그러나 직원이 Reassignment Pool 기간이 만료할 때까지 다른 직책을 찾지 못하는 경우 Reassignment Pool의 마지막 날로 직원과 회사와의 고용 관계는 만료됩니다.

Unassigned	• Unassigned프로그램의 직원은 프로그램 기간 동안 회사 내에 공지된 job에 지원하여 인터뷰할 수 있으며 적합한 job에 대해서는 우선 고려 대상이 될 수 있습니다.
	• Unassigned 프로그램 참가자는 적극적으로 알맞은 직무를 찾고 인터뷰에 응하도록 합니다.
	• 프로그램 기간이 끝날 때까지 알맞은 직무에 임용되지 못한 직원의 경우, 그 직원과 회사와의 고용 관계는 프로그램이 끝나는 시점에서 만료되며 퇴직금을 받을 수 있습니다.
	• Unassigned 직원의 역량이 내외부의 지원자들과 비교해 보았을 때 충분히 경쟁적이고 현재, 미래 회사에 필요한 것으로 판단된다면 그 직원은 우선적으로 공지된 직무에 임명될 수 있습니다.

모두가 만족하는 만능인 제도는 없습니다

Direct Assignment는 보통은 같은 등급으로 배치가 되나, 이보다 낮은 등급 직무로의 배치가 이루어지기도 합니다. 두 등급 이내에서 그리고 다른 function 혹은 다른 사업부로 배치되기도 합니다. 가장 알맞은 직무에 사원을 배치하는 데 최선을 다하지만 반드시 같은 유형, 급여, 지역의 직무를 보장하지는 못합니다.

Direct Assignment안을 거절한 직원은 자동적으로 Reassignment Pool에 배치 및 관리됩니다. 직원이 제안받은 직무의 급여가 현재 직무보다 낮은 경우 급여 조정이 이루어집니다. 직원을 Direct Assignment할 경우 낮은 등급의 직무로, 사원의 현재 직무의 급여가 재배치될 직무의 최대 급여보다 많은 경우, 3년 계획에 따른 보상지침에 따릅니다.

Direct Assignment나 Reassignment Pool에 있는 직원이 공고된 직무에 대한 배치되기도 합니다. Direct Assignment와 Reassignment Pool에 참가하고 있으면서 잡오퍼를 받은 직원은 배치를 받아들이길 권고합니다. 그러나 직원이 회사의 오퍼를 거절하고 인력관리프로그램의 기간이 만료될 때까지 알맞은 직무를 찾지 못한다면 직원은 자신이 거절한 Direct Assignment나 Reassignment Pool에 따라 법정퇴직금만을 받고 퇴사하게 됩니다.

회사가 개인에게 잡오퍼를 통해서 직무배치를 하는 것과 반대로 'Direct Assignment'나 'Reassignment Pool' 프로그램에 배치되지 못할 경우가 발생합니다. 그런 사원들을 'Unassigned'라 부르며, 60일에서 90일까지 일자리를 찾는 시간을 가지게 됩니다. 이렇게 분류된 사원들은 이 기간 동안 전 세계에 위치한 회사 내부 잡포스팅에 지원하고 인터뷰를 하기 위한 능력을 가져야 합니다.

'Unassigned'에 속해 있는 사원들은 사업부에서 요구하는 자질을 갖추고 있고 그 자질이 내부적으로나 외부적으로 경쟁력을 지닐 때, 공고된 직무에 대해 우선권을 가지게 됩니다. 'Unassigned'에 속해 있는 사원이 그 기간이 끝났는데도 자리를 구하지 못하게 될 수 있습니다. 이런 직원들이 자발적으로 퇴사하는 경우에는 법정퇴직금과 특별퇴직금 및 기타 수혜 혜택을 받는 자격이 생깁니다.

16

기업 현장에서 재배치가 작동하려면 무엇이 중요할까요?

글로벌 기업의 경우에는 구조조정의 일환으로 내부 재배치 전략을 전 세계적으로 구사하는 경우가 많습니다. 운영 면에서 내부 재배치 제도를 잘 활용하는 나라도 있으나, 그렇지 않은 나라도 있으며, 내부 이슈 혹은 법적인 문제로 인해서 아예 도입을 하지 않는 나라도 있습니다.

이유가 어찌 되었든 내부 재배치 제도를 실시하기 위해서는 현실적으로 갖추어야 할 요소들이 있습니다.

내부 채용 포스팅을 제도화하세요

여러분이 속한 회사에서는 내부에 자리가 있을 때 자체 시스템을 통해서 공석이 어디 있는지를 알게 될 것입니다.

내부 재배치 제도는 구조조정 기간 동안 회사 내의 플랫폼을 통해서 내부의 직무기회를 찾는 것입니다. 이것이 조직에서 현실화되기 위해서 내부적으로 약속이 필요합니다. 즉, 구조조정 기간 동안 모든 포지션 혹은 특정 포지션을 모두 공개하는 것입니다.

채용에서는 이를 오픈포지션이라고 칭합니다. 맨 처음에 오픈 포지션들을 내부 채용 플랫폼에 포스팅할 때 에피소드가 많았습니다. 이전에는 공석이 나면 관리자가 인사부에 말하고 인사부에서 적절한 사람을 추천하고 인터뷰를 통해서 적합하면 선발하는 절차였습니다. 하지만 채용 플랫폼을 사용하여 모든 포지션들이 공개가 되고 나니 관리자들이 해야 할 일이 많아지게 되었습니다. 이전에는 지원자들 몇 명을 추린 쇼트리스트만 가지고 인터뷰를 했으나, 이제는 지원자 모두를 검토하는 롱리스트도 함께 살펴봄에 따라서 처리 시간이 길어지게 된 것입니다. 관리자 입장에서는 채용에 할애할 시간이 늘어나게 된 것이지요.

하지만 장점도 있습니다. 관리자가 채용의 중요성을 좀 더 인식하고 인사팀과 함께 후보자를 자세히 살펴봄으로써 투명성을 높일 수 있다는 것입니다. 대상자에게 통지된 시점부터 내부에서 잡을 찾을 수 있도록 제도화해야 합니다.

모든 오픈 포지션에 대해서는 내부 채용 플랫폼을 통해서만 선발할 수 있도록 제도화하는 것이 필요합니다. 사실상 글로벌 기업의 경우에는 전 세계적으로 퍼져 있어서 하나의 내부 채용 플랫폼은 큰 힘을 발휘합니다. 꼭 한 나라에서만 나의 일을 찾기보다는 전 세계적으로 퍼져 있는 일을 찾을 수 있습니다. 만약에 나의 기업이 전국에 분포되어 있다면 이 또한 좋은 잡 기회가 될 수 있습니다.

내부 리크루팅 소싱은 시니어 리크루터가

내부 채용 플랫폼을 사용하더라도 채용팀의 리크루터의 역할은 무엇보다도 중요합니다. 구조조정 하에서의 오픈 포지션에 대해서 리크루터의 정확한 이해는 필수입니다. 매니저와의 소통을 통해서 어떤 직무인지, 직무를 수행하는 데 어떤 역량이 필요한지, 특히 어떤 스킬셋이 갖추어져야 하는지, 직무 이외에 어떤 리더십 역량이 갖추어져야 하는지를 파악해야 합니다. 매니저가 이에 대해서 익숙하지 않다면 리크루터는 이에 대한 전문적인 조언을 함께 해야 합니다.

구조조정 하에서의 재배치에 따른 채용은 일반 채용과는 다르게 접근해야 하므로 경험이 있는 리크루터가 배치되어야 합니다. 일반 채용과는 다르게 구조조정을 겪은 내부 지원자들을 정서적으로 잘 접근해야 합니다.

리크루터는 매니저와의 관계뿐만 아니라 지원자가 어떤 프로필, 성과, 전문성을 지니고 있는지도 자세히 파악해야 합니다. 그래야만 포지션에서 필요한 역량과 지원자에게 요구된 스킬을 맞출 수 있도록 주도적으로 핵심인재를 소싱할 수 있습니다.

내부 재배치가 잘 운영되는 나라들에서의 공통점을 살펴보니 시니어 리크루터가 있다는 것입니다. 이들은 그들에게 요구되는 역할과 책임을 잘 이해하고 지원자들의 성향에 맞게 정서적으로 접근하여 지원자가 만족하는 서비스를 제공했습니다.

나도 모르는 나의 평판이 활용됩니다

글로벌 기업의 경우에는 인재 관리에 특히 많은 노력을 기울입니다. 그중 하나가 세계 각국에 있는 인재에 대해서 이력서와 경력 프로필을 관리하는 것입니다. 회사는 내부적으로 자체 인재 데이터를 관리하는 플랫폼을 가지고 있어서 전 세계에 있는 관리자들은 각 나라에 분포되어 있는 인재들의 프로필을 볼 수가 있습니다.

구조조정에 따른 내부 재배치 시에 인재관리 플랫폼을 적극 활용합니다. 통지 이후에 내부 재배치에 따라서 Reassignment Pool Unassigned 상태에 있는 모든 대상자들은 그들의 이력서와 프로필을 회사 내부 인재관리 플랫폼에 제출합니다. 대상자의 이력과 경력 프로필은 전 세계에 있는 관리자와 인사팀에게도 그 경력이 공개됨으로써 적합한 잡오퍼를 얻을 기회를 갖게 됩니다. 보다 체계적인 프로세스와 시스템으로 인해서 고용안정 철학이 현실적으로 적용됩니다.

이전에 인사 업무가 전문 영역을 나누면서 조직이 크게 개편되어 인사 인원에 대한 구조조정이 진행된 적이 있습니다. 기존 업무에서

부터 기능적인 전문성과 비즈니스 전문성으로 나누었습니다. 아시아 태평양 지역의 경우에는 싱가포르에 허브 조직을 위치하고 각 나라에 있는 기능적인 업무의 상당 부분을 이전하였습니다. 각 나라에는 있는 인사 인원들은 대상자가 되었고, 그중에서 선발되지 못한 인력은 reassignment pool과 unassigned 상태에 놓이게 되었습니다.

내부 인재관리 플랫폼에는 이력서와 프로필 관리 이외에 관리자의 평판이 함께 포함되어 있습니다. 즉, 함께 일한 관리자들이 구성원에 대한 업무 평판을 적을 수 있습니다. 이전에 구성원이 어떻게 일했는지 그들의 성과는 어떠했는지를 살펴볼 수가 있습니다.

좋은 업무 평판을 지닌 인사 인력들은 구조조정에서도 살아남았습니다. 그들의 전문성과 업무 성과를 인정받아 적합한 인사의 기회를 잡았습니다. 이는 내부 프로세스와 플랫폼을 통해서 나의 업무 평판이 얼마나 강력하게 작동하는지 보여주는 예입니다.

잡매칭을 위한 데이터 인텔리전스와 툴

글로벌 기업의 내부 재배치의 경우 세계 각국에 퍼져 있는 나라들이 동일한 프로세스를 가져갈 수 있도록 동일한 플랫폼을 사용하게 됩니다. 하지만 각 나라의 특수성을 반영해 추가적인 시스템과 툴이 병행되기도 합니다.

구조조정이 시작되면 가장 일반적인 인력 관리 시스템workforce

management system이 글로벌하게 운영됩니다. 이 시스템은 퇴사 대상자 혹은 퇴사자의 상태를 담은 툴이죠. 즉 구조조정 대상자의 업무적인 이력을 담고 있고, 퇴사 날짜, 퇴사 형태 등 구조조정과 관련된 정보가 담겨 있습니다. 회사는 이 툴의 데이터 인텔리전스를 통해서 구조조정에 필요한 인적 자료를 활용하고 분석하여 필요한 전략을 수립하고 실행하는 데 도움을 받습니다.

다음은 내부 재배치 기회를 최대화하기 위해서 매칭박스라는 툴을 사용하게 됩니다. 이는 전 세계적으로 오픈된 포지션을 파악하고 이 포지션에 적합한 구조조정 대상자들을 매칭하는 툴입니다. 주로 아시아태평양본부에 속한 나라들이 활용합니다.

매칭박스와 비슷한 형태로 유럽 지역에서는 내부 모빌러티 툴을 활용합니다. 내부 채용을 활성화하는 데 목적이 있고 내부 채용된 성공률을 모니터링하고 내부포지션에 적합한 구조조정 대상자를 매핑mapping하게 됩니다. 유럽의 경우에는 전 세계적인 포지션보다는 유럽에 있는 포지션에 집중하는 특징이 있습니다.

글로벌 후보자 트래킹 툴은 구조조정 대상자가 오픈포지션에 지원하는지를 주로 살펴보는 데 목적이 있습니다. 적합한 포지션에 대해서 후보자가 지원한다면 리쿠루터와 채용 매니저는 본 툴을 통해서 채용 절차를 진행하게 됩니다. 따라서 모든 히스토리가 남게 되어 구조조정 대상자를 위해서 어떤 액션을 취했는지를 살펴볼 수 있습니다.

내부 재배치를 위해서는 구조조정 대상자는 어떤 직무가 오픈되는지를 서치하는 것이 중요합니다. 따라서 잡서치 오픈 플랫폼을 통해서 회사의 모든 포지션을 살펴보고, 이를 지원하도록 통합 인프라를 갖추게 됩니다.

이해관계자들의 역할과 책임을 명확히 합니다

내부 재배치는 회사와 구조조정 대상자에게 커다란 영향을 미치므로 왜 하는지에 대해서 관련된 모든 이해관계자들에게 명확하게 이해시키는 것이 중요합니다. 내부 재배치를 통해서 구조조정 대상자 누군가가 고용의 기회를 얻을 수 있기 때문입니다. 따라서 구조조정 대상자가 잡을 서치할 수 있도록 이해관계자들의 지원이 필요합니다.

그렇다면 이해관계자들은 누구이며 어떤 지원을 해야 할까요? 애매모호한 지원이 아닌 이해관계자 각자 역할과 책임을 정함으로써 명확한 지원을 할 수 있습니다. 이해관계자들은 직속 매니저, 비즈니스 리더, 경영대표, 인사디렉터, 인사담당자, 중역, 구조조정 대상자, 채용 매니저가 해당될 수 있습니다.

글로벌 기업의 경우에는 업무가 세분화되어 있고 매트릭스조직인 경우가 많아 이해관계자들이 상당히 많고 복잡한 것이 특징입니다.

직속 매니저(direct manager)
• 비즈니스에서 인력관리 제도 실행의 정당성에 대해 상위 매니저와 일함

- 프로그램이 적절히 실행됨을 확실히 하기 위해서 인사와 밀접하게 일함
- 인력관리 프로세스에서 중요한 일정을 세우기 위해 인사와 일함
- 비즈니스에 영향을 미치는 재무비용을 적절하게 예산에 반영함
- 다른 관련 매니저, 중역, 인사와 함께 직원을 정함
- 공식적으로 직원에게 인사 양식 메시지를 보내 상태가 변경됨을 알림
- 직원은 그들의 상태, 프로세스, 일정들을 이해함
- 포지션을 찾는 데 직원을 지원하고 채용 매니저와 사후 검토를 함
- 직원과의 관련된 논의를 정리하고 관련된 이해당사자에게 조언함
- 프로세스를 통해서 관련된 이해관계자들에게 커뮤니케이션함

비즈니스 매니저(business general manager)

- 인력관리 제안에 대해서 직원의 매니저와 일함
- 매니저가 직원을 정하는 것을 지원함
- 비즈니스 기능 경영층으로부터 승인을 득함

오피스 매니저(Entity general manager)

- 아시아 지역 기능별 매니저와 협의하고, 국내 비즈니스장과 인사디렉터와 협의 이후에 프로그램 실행 승인을 득함

인사 디렉터(HR Director)

- 비즈니스 인사임원과 글로벌 채용으로부터 승인을 득함
- 인력관리 제도 제안을 하고 이에 대한 승인을 득함

- 아시아 본부와 국내 이슈를 논의하고 해결
- 비즈니스 매니저와 협의를 통해서 재배치를 지원함
- 일관성, 공정성, 공평성을 규정과 프로세스 실행에서 확실시함
- 필요 시, 비즈니스와 오피스 매니저에게 예외사항을 에스컬레이션함

인사 관리 지원 대표(HR mgt support representative)

- 직속 매니저가 다음의 사항을 이해함을 확실시함
- 실행에서 매니저에게 지원을 제공함
- 인사 양식을 매니저에게 제공함. 조직과 직원역량 매핑, 직원 퇴직금 계산 등
- 필요 시 선호된 아웃플레이스먼트 서비스를 선택하는데 직원과 직속 매니저와 일함
- 직원을 지원하고 카운셀링을 제공함

중역

- 포지션 승인 이전에 조직 내에서 직원에게 기회를 제공함

직원

- 오픈된 잡을 검토하고, 포지션에 대해 적극적으로 지원하도록 함
- 잡 기회를 찾기 위해서 매니저와 활발히 네트워크함
- 주어진 일정 안에서 포지션을 승낙함
- 적절하다면, 대안적인 포지션을 찾는 임시 배치를 활용함

채용 매니저

· 인터뷰를 하고 가장 적합한 직원에게 오퍼를 제공함

· 중요도와 긴급성으로 서면 잡오퍼를 제공함

17

구조조정을 둘러싼 이해관계자들의 정서를 이해하나요?

희망퇴직을 신청한다고 모두 퇴사하는 것은 아닙니다

회사는 구조조정에 따른 인력 감축을 위해서 희망퇴직을 실시합니다. 희망퇴직이라는 명칭에 걸맞게 구성원이 퇴사를 희망하는 것입니다. 즉, 회사가 희망퇴직 제도를 발표하고, 구성원은 이에 대해 신청을 하고 회사가 최종 승인을 함으로써 회사와 직원 간의 근로 관계가 종료됩니다.

희망퇴직을 지원하도록 직원에게 압력을 가하거나, 강요해서 신청을 하도록 할 경우에는 법적인 문제가 생기며 취소될 수가 있습니다. 또한 뉴스상에서 부당 해고로 법적인 문제까지 비화되는 것을 종종 보셨을 것입니다. 따라서 희망퇴직은 개인의 자발적인 의사가 중요하며 퇴사를 원할 경우에는 본인이 신청해야 합니다.

구조조정

희망퇴직은 인력 감축이 되어야 하므로 직원이 희망퇴직을 원하고 신청하면 다 퇴사할 수 있는 것으로 오해를 하고 계십니다. 회사는 직원이 원한다고 모두 퇴사를 승인하지는 않습니다. 회사는 구조조정을 하더라도 구성원을 내보내는 것에만 집중하기보다는 고용안정 철학에 기반해 내부에서 고용을 지속시킬 기회를 찾는 것을 병행합니다. 미리 정한 합리적인 선발 기준에 따라서 신청자의 퇴사를 승인하거나 불승인 할 수 있습니다. 회사가 요구하고, 본인의 스킬셋에 맞는 직무가 있을 경우에는 퇴사를 불승인하게 됩니다. 최종 승인된 자만이 회사와의 계약 관계가 종료됩니다.

모두가 구조조정을 싫어하는 것은 아닙니다

구조조정은 인내가 필요한 작업입니다. 회사가 뜻하는 대로, 혹은 직원이 원한다고 할 수 있는 것이 아닙니다. 희망퇴직, 명예퇴직이라는 이름으로 제도화하고, 이를 직원들에게 전달합니다. 직원은 희망퇴직 제도에 지원하고 회사가 최종 승인을 할 때 즉, 회사와 직원 간의 합의를 통해서 퇴사가 확정됩니다. 일반퇴사와 달리 희망퇴직은 보상에서 경쟁력을 갖추어야 합니다. 그렇지 않다면 직원들이 희망퇴직을 신청할 이유가 없게 됩니다.

구조조정을 하다 보면 회사와 직원 사이에 크고 작은 다툼이 있습니다. 어떤 경우에 이러한 다툼이 많이 발생할까요?

모든 구성원이 구조조정을 싫어하는 것은 아닙니다. 타 회사로 이직을 고민하고 있는 직원에게는 좋은 기회가 됩니다. 이들은 구조조정이 언제 시작될지 사내에서 정보를 탐색하곤 합니다.

소프트웨어 사업팀에서 구조조정을 한 적이 있습니다. 소프트웨어는 시장에서는 핫한 부분이었고 타 기업에서도 수요가 많았던 상황이었습니다. 담당 과장은 자신의 몸값을 높이기 위해서 지속적으로 헤드헌터와 연락을 했고, 다행히도 구조조정 시기에 퇴사를 하고 타 회사로 입사할 계획을 세웠습니다.

구조조정이 시작되자 담당과장은 희망퇴직을 신청했고, 회사는 최종적으로 승인을 했습니다. 그러나 얼마 되지 않아서 타 회사의 입사 계획이 무산되었고, 이 직원은 지원서를 철회하겠다고 찾아왔습니다. 그러나 이미 본인이 자발적으로 희망퇴직에 지원하고 사인을 했기 때문에 철회는 받아들여지지 않았고 결국 희망퇴직으로 퇴사를 하게 되었습니다.

그 이후, 이와 같은 상황들이 종종 발생해서 제도적인 보완을 했습니다. 제도 내용에 철회 기간을 명시한 것이죠. 본인이 신청하고, 회사가 승인해도 특정 기간 동안 고민해서 철회할 수 있는 기회를 주었습니다. 고민할 기회를 한번 더 주는 효과가 있는 것이지요.

흥미로운 사실은 보상의 수준이 높을수록 구조조정에 따른 희망퇴직을 신청하는 지원자가 많다는 것입니다. 회사는 몇 명의 인력을 자르는지에 대한 숫자를 고민하는 것이 일반적인 것이나 직원은 회사로부터 잘릴 수 있도록 노력한다는 것입니다. 외부 시장에서 경쟁력

　　　　　　　　　　　　　　　　　　　구조조정

이 높은 인력일수록 이러한 흐름은 두드러집니다.

구조조정은 과거 결과가 아닌 미래를 담아야

회사의 전략과 비즈니스모델에 따라서 인력을 구조조정해야 할 경우가 있습니다. 해당 비즈니스에 적합한 스킬셋을 지닌 인력이 필요하기 때문입니다.

회사는 나름의 합리적인 기준과 절차에 따라서 대상자를 결정하게 됩니다. 결정된 사항에 따라서 해당자에게 퇴직을 권고하게 됩니다. 그러나 받는 사람 입장에서는 이 모든 것이 불이익하다고 생각합니다. 이러한 간극을 어떻게 줄일 수 있을까요? 회사가 말하는 나름의 합리적인 기준과 절차는 무엇을 의미할까요?

나름이라는 단어를 쓴 이유는 각 회사별로 천차만별일 수 있다는 뜻입니다. 제가 지금 말하고자 하는 사항이 다른 회사에는 적용되지 않을 수도 있다는 의미입니다. 합리적인 기준이란 무엇일까요?

구조조정에 따라 조직을 다시 디자인할 경우에 해당 포지션, 포지션의 직무별 역할과 책임이 정해져야 합니다. 각각의 직무에 필요한 직무 역량과 달성한 성과 업적을 들 수 있습니다. 해당 포지션은 새로운 조직에서 어떤 포지션이 필요하고 어떤 일을 책임지고 해야 하는가입니다. 직무별 필요한 역량은 해당자가 이 업무를 잘 수행할 수 있는 능력이 있는지를 보는 것입니다. 추상적인 것이 아닙니다. 구체적인 기술을 보유하였는지, 어떤 업무적인 경험이 있는지를 살펴봅니다. 또한 지금까지 달성한 성과를 살피게 됩니다. 이를 통해서 앞으로의 성과 잠재성을 가늠해 볼 수 있습니다.

공식 승인 절차로 투명하고 공정하게

조직에서는 누구에게 책임을 맡기는가에 따라서 그 회사의 운명이 달라집니다. 이는 리더십뿐만 아니라 구성원에게도 동일하게 적용됩니다.

구조조정에 의해서 남아야 할 구성원과 떠나야 할 구성원을 정할 때도 공식적인 승인 절차를 가지게 됩니다. 공식적인 승인 절차란 무엇일까요? 일반적인 승인 절차와는 어떻게 다를까요?

일반적인 승인 절차는 해당 주제에 대해서 담당자가 보고하고 이를 상위 관리자와 차상위 관리자가 결재하는 형태입니다. 공식적인 절차의 의미는 해당 비즈니스에 소속된 관리자뿐만 아니라 유관 리더가 함께 참석함으로써 개인의 주관적인 의견은 최대한 배제되고, 의견의 타당성과 객관성을 높이는 것을 말합니다. 따라서 구조조정이 속한 해당 비즈니스뿐만 아니라 관련 비즈니스와 이해관계자들이 같이 검토하고 승인하는 절차를 거치도록 해야 합니다. 이를 통해서 보다 공정하고 투명한 프로세스가 이루어집니다.

극히 소수의 밀실 논의를 통해서 구성원을 결정하게 된다면 많은 문제가 발생함을 경험하였습니다. 따라서 공식적인 승인 절차는 무엇보다도 중요하므로 염두에 두어야 합니다. 구조조정에 따라서 새로운 포지션에 구성원을 선발하는 절차에 참여함으로써 리더들은 미래의 비즈니스에 대한 책임도 같이 지게 됩니다.

구조조정 접근 방식에서 한국과 외국은 미묘한 차이가 있습니다

회사는 구조조정에 앞서 조직을 정비하고, 필요한 업무에 따라서 적정 인원이 정해지게 됩니다. 이에 따라서 구조조정의 전체 인원수를 어느 정도 가늠하게 됩니다.

구조조정에서 외국과 한국은 접근 방식의 미묘한 차이가 있습니다. 외국의 경우에는 사전에 명단이 어느 정도 정리가 됩니다. 이를 대상으로 권유를 하게 됩니다. 한국의 경우에는 회사가 내보낼 사람을 미리 정하기보다는 구성원과의 소통을 통해서 명단이 구체화됩니다.

이는 나라별 구조조정의 경우 법적인 제약사항이 각각 다르기 때문입니다. 한국의 경우, 구조조정에 따라서 회사가 정한 기준에 구성원 후보들에게 어느 정도 설득을 하고 권유를 하게 됩니다. 새로운 조직에서 정해진 포지션에서 요구되는 인원수보다 현재의 구성원 수가 많을 경우에는 이 부분에 대해서 솔직하게 설명하고, 회사의 기준이 무엇인지를 제시하고 희망퇴직을 고민하도록 권고합니다.

당연히 설득하고 권유하는 것이 쉽지 않습니다. 때에 따라서는 이 과정에서 문제가 발생하기도 합니다. 대체로 문제가 생기는 데는 공통점이 있습니다. 회사가 합리적인 기준이나 절차를 잘 설명하지 않고, 구성원에게 회사를 나가도록 강제하는 것에서 비롯됩니다. 당신의 회사는 합리적인 기준과 절차가 있나요?

만약에 이러한 기준과 절차가 없다면 구조조정이 이슈는 확대되고 회사와 구성원에게는 상처만 남길 것입니다. 구성원에게 시간적인 여유를 주지 않고, 바로 퇴사하도록 강요한다면 상대방은 압박으로 받아들이게 됩니다. 구조조정을 통해서 회사가 어떻게 변화되고 있는지, 내가 속한 비즈니스의 상황이 현재 어떠한지, 바뀌는 직무에 대해서 내가 과연 필요한지 고민할 시간을 주어야 합니다.

누구도 바로 희망퇴직을 결정할 사람은 많지 않습니다. 희망퇴직을 신청하지 않으면 해고 등 다른 조치를 사전에 제시하게 된다면 이 또한 상대방은 강제로 인식하게 됩니다. 따라서 절차적으로 상황에 대한 이해를 구하고, 권유를 통해서 고민할 시간을 주며, 퇴사로 인해서 어떤 도움이 제공되는지 옵션을 제안하고, 최종적으로 희망퇴직을 신청하도록 이끄는 것이 필요합니다.

18

구조조정 시 구성원들은
무엇을 궁금해할까요?

의외로 희망퇴직 제도의 목적을 잘 모릅니다

회사가 구조조정에 따른 인력 감축을 할 때 제도의 목적과 취지를 전달합니다. 하지만 이를 잘 이해하지 못하는 경우가 많습니다.

이전에 희망퇴직을 실시할 때 전사적으로 발표를 하나 이에 대해 귀 기울이는 분이 많지 않습니다. 희망퇴직 제도의 주된 목적과 취지는 회사를 둘러싼 사업 경영 환경이 크게 변화됨에 따라서 인력구조를 보다 변화시켜 경쟁력을 높이고자 하는 것이 가장 큽니다. 경쟁력 있는 회사로 거듭나기 위해서 조직구조가 변화되고, 이에 필요한 인력의 스킬셋도 변화되기 때문입니다. 하지만 구성원들의 일부는 외부 시장 환경에 민감하기보다는 내부에 몰입되어 변화를 추구하지 않는 경향이 있는 것도 사실입니다.

포지션별 적정 인원이 필요하고 비즈니스가 원하는 방향으로 인원이 조정될 때 회사와 직원 입장에서 어떤 부분이 나아질까요?

구조조정이 성공적일 때는 인력조정을 통해서 인력 구조가 개편되고 경쟁력 있는 회사로 거듭날 수 있습니다. 향후 남아 있는 직원들은 보다 경쟁력 있는 환경에서 직장생활을 할 수 있게 될 것이며, 추가적인 구조조정 가능성도 낮출 수 있게 됩니다.

구성원은 왜 나인가요? 묻습니다.

구성원들과 질의응답을 하다 보면 가장 많이 나오는 것이 회사가 계획하고 있는 감원 숫자가 있는지와 원하는 숫자가 나오지 않을 경우 정리해고를 할 것인가입니다.

글로벌 기업의 경우에는 인력 감축을 숫자로 발표하는 경우가 많습니다. 예를 들어 전체 인력의 10% 혹은 15% 감원 등으로 퍼센티지로 발표하기도 하고, 감축되는 인력의 수를 발표하기도 합니다. 즉, 전 세계적으로 2,300명의 인력을 감축한다는 내용을 전달합니다. 따라서 위와 같이 전 세계적으로 회사가 계획한 숫자가 있는 경우에는 각 나라도 구성원의 퍼센티지로 대략적인 추정치를 가져갑니다.

회사 차원에서 전체적인 수치가 정해지기도 하나, 비즈니스의 조직 구조에 따라서 가능한 포지션이 정해져 있을 경우에는 감원해야 할 인원수가 나오기도 합니다. 하지만 희망퇴직 경우에는 말 그대로 희망퇴직의 수용 여부는 전적으로 해당자의 판단에 달려 있습니다.

특정 직원을 미리 선정하지는 않습니다. 다만, 향후 회사의 사업 방향 및 방침과 직원들의 성과와 능력 등을 종합적으로 그리고 객관적으로 고려하여 퇴직 대상자에 해당 가능성 정도를 구분합니다. 이를 바탕으로 퇴직 대상자에게 희망퇴직을 권유하게 됩니다.

당사자 입장에서는 '왜 나인가?' 하고 반문합니다. 회사는 전체 조직 차원에서의 적정한 포지션에 따른 인력의 수, 비즈니스에 적정한 부서, 구성원의 직무수행 능력평가, 향후 직무 재배치 가능성을 염두에 둡니다. 이러한 현재 상황 등을 고려하여 퇴직 대상자에게 희망퇴직을 심사숙고하도록 권고하는 것입니다.

희망퇴직 신청 가부는 전적으로 해당 직원의 판단에 달려 있습니다. 그러나 회사에서는 조직개편으로 인하여 현재 인력구조를 그대로 가져갈 수 없기 때문에 향후로는 조직 혹은 직무 변경을 하여 필요에 따라 인력을 재배치하게 됩니다. 이에 따라 해당 직원은 지금과는 다른 업무를 담당할 수도 있고 향후 대내외 환경 변화에 따라 더 유동적인 상황이 있을 수도 있음을 전달합니다.

내가 받을 수 있는 총 보상은

구조조정에서 자의 반 타의 반 퇴사가 결정되었다면 직원들은 보다 구체적인 정보를 얻기를 원합니다. 질문의 빈도수가 가장 높은 것은 퇴사를 할 경우 내가 얼마를 받게 되는가입니다. 개인 상황에 따라서 차이가 있으나 가능한 자신의 상황에 적합하도록 여러 사례를 알려 준다면 도움이 됩니다.

회사에는 다양한 직무가 있습니다. 관리직에 종사하는 직원, 영업직을 수행하는 직원, 서비스 업무를 다루는 직원들이 있습니다. 영업직의 경우에는 인센티브 제도가 있을 수 있습니다. 영업직과 비영업직의 보상 체계가 다르다면 이 부분도 정확하게 전달하는 것이 필요합니다. 비영업직의 경우 보너스 제도가 있다면 퇴사 시 이 부분이 어떻게 처리되는지도 알려줘야 합니다. 법정퇴직금의 경우에 퇴직연금으로 전환이 되었다면 그 금액을 설명하는 것이 필요합니다.

희망퇴직에 따른 특별퇴직금은 어떻게 계산되었는지를 개인별로 설명해주면 상대방에게 큰 도움이 됩니다. 개인이 실제로 받게 될 보상은 법정퇴직금과 특별퇴직금이 있습니다. 또한 기타 수당, 보너스, 인센티브 등이 있다면 이 금액들이 어떻게 계산되고 포함되는지도 알려줘야 합니다. 만약에 구조조정에 따른 조기 퇴직수당이 있다면 퇴직하는 기간에 따라서 수당 금액이 어떻게 변화되는지도 설명합니다.

위로금 공식, 나에게 어떻게 적용될까요

희망퇴직에 따른 특별퇴직금은 보통 위로금이라 불리기도 합니다.

구성원들은 특별퇴직금의 공식을 가장 먼저 질문합니다. 일반적으로 위로금 공식은 근속 연수가 기준이 되는 경우가 많습니다. 회사에서 내가 5년 동안 재직한 경우에 법정 퇴직금은 5개월치의 금액이 주어집니다.

특별퇴직금은 회사 상황에 따라서 다르기는 하나 제가 몸담은 곳은 근속 연수의 1.5배 혹은 2배의 근속 기간을 인정해 주기도 합니다. 따라서 근속 연수가 5년일 경우 1.5배의 공식을 지닌 경우에는 위로금은 7.5개월치, 만약에 2배의 공식을 지닌 경우에는 위로금은 10개월치가 주어지게 됩니다.

이렇듯 근속 연수는 개인에게 중요합니다. 현재의 직장이 처음이 아닌 경우에 해당 대상자는 묻고는 합니다. 그의 총 근속 연수가 10년이고, 전 직장이 6년이고 현 직장에 4년 재직한 경우일 때 위로금에 사용되는 근속 연수는 현 직장에서의 근속 연수만 인정이 됩니다. 즉, 특별퇴직금에 사용되는 근속 연수는 내부적인 근속 연수만이 산정이 됩니다. 그러나 재입사한 직원은 내부 근속 연수를 자신에게 유리하게 해석하기도 합니다. 따라서 희망퇴직을 공지할 경우에는 이러한 세부적인 부분도 정확히 명시해야 합니다.

재입사한 직원은 재입사일이 기준이 됩니다. 이미 퇴사할 때 퇴직금등 회사와의 관계를 정산한 상태이기 때문입니다.

글로벌 기업의 경우에 나라 간 전배가 있는 경우가 있습니다. 예로 한국에 있다 싱가포르로 전근을 가고 다시 한국으로 돌아오는 경우가 될 수 있습니다. 이럴 경우에는 최종 전근일자가 근속 연수에 산정됩니다.

우리가 생각지 못한 돌발 상황들을 미연에 방지하기 위해서 이렇듯 특별퇴직금에 사용하는 공식은 여러 상황을 고려해야 합니다.

언제까지 복리후생 혜택이 주어지나요

희망퇴직 제도 도중에 휴가를 간 직원도 발생함에 따라 질문들을 합니다. 장기 휴가 혹은 단기 휴가를 간 직원들도 현재 근무 중인 직원과 마찬가지로 간주됩니다. 회사의 휴가 규정이 있을 것이죠. 구조조정을 실시하게 되면 휴가로부터 복귀를 하게 되고 일반 직원들과 동일한 적용을 받게 됩니다.

퇴사할 경우에는 회사에서 가입되어 있는 건강보험, 고용보험, 국민연금에 대한 질문들이 많습니다. 이들의 보장 사항은 퇴사를 할 경우에 직장가입자로서 자격 상실이 되므로, 개인 자격으로 가입 여부를 결정해야 합니다. 이 부분은 회사와 관련되지는 않으나, 직원에게는 중요한 사항이므로 자세하게 안내해 주는 것이 필요합니다.

구성원 중에 스톡옵션이나 우리 사주를 보유한 경우에도 그 처리 방법에 관심이 높습니다. 스톡옵션을 보유한 경우 부여 기간이 지난 경우에 한하여 행사할 수 있으며 아직 부여 기간이 끝나지 않은 경우에는 퇴사 시 모든 권리가 소멸되는 것이 일반적입니다. 사원매입 제도에 의해 구입한 주식은 퇴사 시 주식을 매각해야 할 의무는 없지만, 퇴사 후에는 직원이 직접 관리해야 하고 국내 증권사를 통해서 주식을 매각해야 합니다. 회사가 주식 매칭 제도가 있다면 보통은 퇴사 이후에는 주식 매칭이 일어나지 않는 것이 일반적입니다.

재직 중 지원받은 사원 교육비에 대한 의무복무 기간이 남아 있는 경우, 퇴사 시 교육지원금을 전부 반환해야 하는지도 자주하는 질문입니다. 사원 교육비 지원 규정에 의하면 교육 수료 후 지원받은 기간만큼 회사에 의무적으로 복무하도록 되어 있고 의무복무 기간을 채우지 못하고 퇴사하는 경우, 지원받은 금액 전부를 회사에 다시 상환하도록 되어 있습니다.

하지만 제가 있던 회사에서는 희망퇴직의 경우에는 의무복무 기간 중 퇴사하더라도 지원받은 교육비를 반환하지 않도록 배려하였습니다.

회사에서 주택융자를 받고 아직 상환을 하지 못한 경우가 있다면 퇴사일 현재 회사로부터 지원받은 융자 또는 제 가불액(긴급자금대출, 주택융자금, 차량대출 등)은 우선적으로 퇴사 전 또는 퇴사 시에 전액을 상환하셔야 합니다. 기존에 주택이자를 지원받아온 경우에는 퇴사하는 달에 지불한 이자까지 지원받을 수 있도록 일반적으로 처리합니다.

지금까지는 답변은 특정한 회사에 적용된 것이라서 일반적인 사항이 아니라는 점 말씀드립니다. 다만, 여러분이 궁금한 부분에 대해서 다소나마 도움이 되길 바랍니다.

퇴사 이후에 내가 받을 수 있는 지원들

구성원들은 퇴사를 결정하기에 앞서 모든 사람이 재취업을 할지, 창업을 할지, 아니면 쉴지를 결정하지는 않습니다. 보통은 나만의 충전의 시간을 보낸 이후에 방향성을 결정하는 것이 일반적입니다. 물론 퇴사와 동시에 재취업을 하는 분들도 계시지만요.

나에게 적합한 관심사를 탐색하는 시간을 갖기를 원하고, 이를 준비할 수 있도록 회사가 나에게 도움을 주길 원합니다. 따라서, 회사는 창업뿐만 아니라 전직에 대한 다양한 서비스를 준비하고 이를 제공하게 됩니다.

19

구조조정으로 소요되는
비용을 아시나요?

생각보다 많은 비용이 듭니다

구조조정을 시작하기에 앞서 계획에 따른 총 비용을 재무적으로 예측하게 됩니다. 대략적인 인원은 얼마나 되는지, 어느 비즈니스가 속하는지, 전체 임금 수준에서 어느 정도의 위치를 차지하는지, 해당되는 직무는 무엇인지, 법정퇴직금과 위로금은 얼마인지, 퇴사일까지 지급해야 할 임금은 얼마인지, 보너스와 인센티브는 얼마인지, 복리후생에 소요되는 총 비용은 어떠한지, 주식을 보유한 경우에 회사가 부담할 비용은 어떠한지, 만약 전직 서비스를 활용할 경우에 교육비와 서비스비는 얼마인지, 실질적으로 소요되는 총 직접 비용을 계산합니다.

그 외에도 간접적으로 발생하는 비용도 감안해야 합니다. 재배치의 경우에는 오픈 포지션이 다양한 지역에 분포해 있기 때문에 채용 매니저는 대면 인터뷰를 선호합니다. 따라서 직원들이 출장 가는 비용도 포함되어야 합니다.

국내와 국제 재배치가 이루어질 경우에는 직원이 해당 포지션을 승낙할 때 리로케이션 비용이 발생합니다. 따라서 이 비용도 고려합니다. 채용 인터뷰를 함으로써 관리자의 시간과 인건비가 소요되므로 이를 감안해야 합니다. 이외에도 구조조정을 지원하는 관리 인력의 인건비도 고려해야 합니다.

이렇듯 구조조정 인력 규모에 따라서 소요되는 직접비와 간접비를 포함한 예상 비용을 준비합니다

총비용, 전략적으로 중요한 지표 중 하나입니다

글로벌 기업의 경우에는 예상비용을 본사에 제출하고 이에 대한 승인을 득합니다. 제도가 실제로 실행될 경우에는 예상한 가정치와 실제 수치 간에 차이가 발생합니다. 따라서 이 차이에 대한 분석을 합니다.

인력 감원을 위한 예상치는 정확한 인원을 가지고 하기보다는 잉여 직무를 중심으로 가정을 합니다. 소속 비즈니스, 임금 격차 등을 분석하고 차이가 클 경우에는 수정안을 제출하기도 합니다.

제도가 마무리된 이후에는 승인된 내용과 마무리된 내용 간의 차

이를 보고합니다. 인력 구성원에 대한 세부적인 정보도 포함됩니다. 즉 소속 비즈니스, 적용된 프로그램의 종류들이 코드화되어 관리됩니다. 최종 퇴사자 명단에는 그들이 담당했던 직무, 소속 국가 희망퇴직을 지원하고 종료된 기간이 명시되며, 제공된 총 보상 금액들이 세부적으로 관리됩니다. 회사는 모든 정보를 시스템으로 관리하여 향후에 구조조정 전략을 세울 때 중요한 지표로 활용합니다.

아시아 태평양 지역에 많은 나라가 있습니다. 구조조정에서 소요되는 비용이 저렴한 나라와 그렇지 않은 나라가 있습니다. 희망퇴직 제도를 쉽게 실행할 수 있는 나라와 그렇지 않은 나라가 있습니다.

인원 감축 규모, 제도의 용이성, 소요 기간, 총비용들을 고려하여 나라 간 실행 계획을 준비합니다. 이러한 점들은 향후 구조조정 전략을 수립하고, 의사결정 시 중요한 요소가 됩니다. 만약 구조조정 제도를 실시하는 것도 쉽지 않고 높은 비용을 지불해야 하는 나라라면 전략적으로 다른 대안을 함께 병행하게 됩니다.

20

국제배치도
있어요?

해외에 자리가 없다면 국내 규정을 따릅니다

만약 여러분이 속한 조직이 여러 나라에 분포해 있을 경우에 구조조정이 발생했다면 어떨까요? 한국에 소속된 직원이 해외로 파견되어 해외에서 일하는 경우가 있습니다. 그곳에서 구조조정을 한다면 그 직원은 어떻게 될까요?

다행히도 해외에서 직원이 일할 자리가 있다면 좋겠으나, 없을 경우에는 본국으로 돌아와야 합니다. 반대로, 한국에 있는 직원이 해외의 포지션을 찾을 경우에는 해외로 파견을 나가게 됩니다. 국제 간 배치international assignment가 발생하게 됩니다.

해외에서 본국으로 돌아온 후 국내의 인력 감축 규정에 따라서 해당 직원이 관리됩니다. 재배치 규정에 따라서 국내에 본인에게 맞는

구조조정

직무가 있을 경우에는 그 포지션에 선발됩니다. 하지만 바로 선발되지 못할 경우에는 재배치 풀에 포함되어 적합한 직무를 찾게 됩니다.

리로케이션 지원

회사는 해외에 있는 직원이 본국으로 문제없이 돌아올 수 있도록 비자, 세금, 기타 복지와 관련된 문제들을 지원합니다. 이를 리로케이션 지원relocation support이라고 합니다. 반대로, 한국에서 해외로 파견될 경우에도 리로케이션 지원을 합니다.

해외에서 국내로 재배치를 할 경우에 검토할 사항들이 많습니다. 예로 해외에서 일하던 직원이 한국에 들어올 경우에는 외국에서 받고 있던 복지들이 있습니다. 이 복지들을 언제까지 지원할 것이며, 누가 그 비용을 부담할지를 정해야 합니다. 회사는 리로케이션 지원에 지불옵션 제도를 두어서 무조건 지원이 되거나 혹은 안 되는 형태가 아닌 유연성을 제공합니다. 직원에게 지원한 교육비의 경우에 대상자가 전배되는 날 즉시 중지될 것인지, 아니면 연장하여 유예 기간을 둘 것인지 지불옵션을 결정합니다. 지불옵션에 따라서 전체적인 비용이 산정됩니다. 통상적으로는 받는 매니저가 해당 직원의 비용을 부담하나, 연장 등 옵션의 추가 사항이 발생하면 받는 매니저와 보내는 매니저 간에 누가 비용을 부담할지 함께 논의하기도 합니다.

이전에 국제 간 배치에 따라서 싱가포르에서 근무하던 한국 직원이 한국으로 돌아온 적이 있었습니다. 싱가포르에서는 서비스영업 사업부 소속으로 일했으나, 한국에 돌아와서는 잡서치를 통해서 컨설팅 영업사업부로 전배되었습니다.

그 당시에는 국제 간 배치로 인해서 리로케이션 비용들이 소요되었으나 이 직원은 싱가포르에서 일한 다양한 경험 덕택에 컨설팅영업 사업부에서 글로벌 고객사를 대상으로 영업을 하여 큰 수주를 따내는 성과를 거두었습니다.

이렇듯 구조조정을 하더라도 안정된 고용을 기반으로 한 다양한 제도를 운영한다면 회사와 직원이 함께 윈윈할 수 있는 기회를 가져올 수 있습니다.

구조조정

21

외부 잡서치를
연계하나요?

외부 포지션, 다양한 방식으로 찾아드립니다

인력 재배치 정책에 따라서 직원이 내부 포지션을 찾는 데 실패할 수 있습니다. 직원들은 생각만큼 새로운 변화에 대해서 잘 준비하지 못하는 경우가 다반사입니다. 직원이 내부 잡 기회를 찾지 못해도 잡서치 기간 동안 외부 포지션을 찾을 수 있도록 회사에서 배려하는 것이 필요합니다.

회사의 배려는 다양한 방식으로 이루어집니다. 구조조정 대상자들이 볼 수 있는 사이트에 외부공지 직무들을 모아서 공유하고, 신입과 경력직을 위한 구직사이트를 연결하며, 시장에서의 주요 채용 트렌드와 핫한 직무들을 전달합니다. 취업에 성공한 직원을 통해서 그들의 경험담을 듣는 장을 마련해 주는 것도 큰 도움이 됩니다. 취업 성공기는 재취업에 임하는 자세, 시장에서 부딪히는 문제들, 나 스스로 준비해야 하는 것들을 되돌아볼 수 있는 좋은 장이 됩니다.

이러한 다양한 방식을 통해서 회사는 보다 체계화된 정보를 직원들에게 전달함으로써 직원이 외부 구직에 대한 생각을 정리하도록 돕습니다. 또한 다음 경력을 준비하는 데 지원하는 장점이 있습니다.

시간적인 배려, 큰 도움을 줍니다

회사는 구조조정 대상자가 인력 재배치 의해서 내부 잡을 찾기 힘들 경우에 외부 잡을 찾을 수 있도록 정책적인 배려를 합니다. 다양한 정책을 구사하는 것 중에서 직원들이 외부 잡 기회를 찾을 수 있도록 시간에서의 유연성을 주는 것이 중요합니다.

직원은 이미 퇴사가 결정된 상태이므로 가능한 빨리 다음 경력을 결정하는 데 도움을 제공해야 합니다. 따라서 외부 잡서치 기간 동안 직원은 직속 매니저와 스케줄을 공유하고 외부 인터뷰 등을 다녀올 수 있도록 시간을 조율합니다. 시간적인 할애는 해당 직원에게는 고마운 일이 되고, 큰 지원이 됩니다.

이전에 희망퇴직으로 재배치풀에 있는 직원이 내부와 외부 함께 잡을 찾다가 몇 군데의 외부 인터뷰 기회가 닿았습니다. 회사는 해당 직원이 근무 시간 중임에도 외부에서 인터뷰 하는 것을 허락해 주었습니다. 그 결과 해당 직원은 성공적으로 재취업이 되었고 외부 기회

구조조정

를 잡을 수 있도록 시간적인 배려를 해주었던 것에 무척 감사해했습니다.

전직 서비스를 통한 외부 헤드헌터를 활용하세요

원활한 퇴사가 되도록 외부의 전직 서비스를 이용하는 경우가 많습니다. 업체별로 서비스를 제시하는 내용에 차이가 있습니다. 업체에서 제공하는 제안서만을 볼 때는 구분이 잘 가지 않습니다. 좋은 업체를 선정하는 방법 중 하나는 업체의 평판인 레퍼런스 체크를 주의 깊게 살펴보는 것입니다. 또한 그들이 고객에게 제공한 결과물 등 서비스 후기가 어떠했는지를 파악하는 것입니다.

퇴사 예정자의 상당수가 재취업을 원할 경우에는 전직 서비스 업체 중에서 헤드헌터가 있는 곳과 계약을 체결하는 것이 좋습니다. 회사는 직원 개개인의 직무의 경험, 업무적인 강점 등 각자의 역량이 다르기 때문에 개인적으로 차별화된 서비스를 한다면 그들의 구직의 성공을 보다 높일 수 있습니다. 따라서 전직 서비스 업체의 헤드헌터가 어떤 직종에 특화되어 소싱을 하는지도 알아야 합니다. 또한, 어떤 회사의 어느 직무에 재취업이 성공적으로 이루어냈는지를 살펴봐야 합니다. 경험상 업체가 헤드헌터를 보유했을 경우라도, 일부는 실력 있는 헤드헌터를 보유하기보다는 구색만 갖춘 곳도 있기 때문입니다.

실질적으로 구직에 도움이 되는 곳이어야 하므로 이에 대한 판단이 중요합니다. 어쨌든 회사는 퇴사할 직원을 위해서 보다 적극적으로 도우려는 자세가 필요합니다.

구조조정

22

리더를 위한 플레이북
준비하나요?

구조조정은 조직에서는 매우 특별한 사건에 해당이 됩니다. 일상적인 비즈니스 경영 활동이 아니라, 사람과의 관계이기 때문입니다.

모든 리더가 스마트하게 구조조정에 임할 수는 없습니다. 리더의 성향에 따라서 본인의 스타일에 맞게 구조조정을 바라보기도 합니다. 하지만 조직이 커질수록, 인력이 많아질수록, 지금까지 유지된 관행들이 다양할수록 구조조정은 나름의 가이드라인이 없다면 원하는 바를 달성할 수 없습니다. 따라서, 리더들에게 플레이북을 준비해서 제공하는 것이 필요합니다.

어떤 내용을 담아야 할까요? 많은 내용을 담으면 좋겠으나, 내용이 많으면 집중하지 못하는 경향이 있습니다. 따라서, 제 경험상 두 가지 정도는 필수적으로 포함했으면 합니다.

첫째는 구조조정에 대한 전체적인 틀인 프레임워크를 이해하는 것이고 둘째는 인력을 감축하는 데 있어 기본 원칙을 아는 것입니다.

프레임워크가 있어야 합니다

조직디자인 및 설계

- 앞으로의 비즈니스를 지원할 구조를 정합니다.
- 조직에 남을 직원을 정하기 위해서 공정한 선발 과정을 수행하고 재배치합니다.
- 법적인 검토를 거칩니다.
- 통지서류를 준비하고 보냅니다.

재배치

- 직원에게 알리고 통지서류를 제공합니다.
- 4주 온사이트 프로그램에 의해서 1주간 통지를 합니다.
- 온사이트 잡 검색 지원을 제공합니다.
- 내부 잡 검색을 할 수 있도록 현재의 일의 부담을 조정합니다.
- 일 인수인계(transition work)를 합니다.
- 분리 체크리스트를 완성(separation checklist)합니다.

인력 감축

- 5주 오프사이트 프로그램을 운영합니다.

- 내외부 잡 검색을 합니다.

경력 전환
- 인원 감축에 해당되는 직원에게 아웃프레이스먼트 서비스를 제공합니다.
- 임원진이 아닌 경우에는 3개월 프로그램을 적용합니다.
- 임원의 경우에는 6개월 프로그램 제공합니다.

이러한 OD&S활동의 결과는 재배치와 인원 감축의 부분이 될 것입니다. 새로운 조직에서 포지션이 없는 직원은 통보받고 재배치 프로그램을 시작합니다. 재배치 동안 내부 포지션을 찾지 못한 직원은 인원 감축 프로그램에 들어가게 됩니다.

기본 원칙은 약속입니다

인력 감축에서는 크고 작은 많은 이슈들이 발생합니다. 그런데 리더의 성향에 따라서 구조조정 사안들이 결정된다면 어떻게 될까요? 조직 내에 많은 문제가 발생하게 되어 회사와 직원, 혹은 직원과 관리자 간에 신뢰에 금이 가게 됩니다. 따라서, 당사자가 누구이든지 사안에 대해서 공평하고 일관성 있게 원칙을 적용해야 합니다.

조직에서 구성원과의 약속이기도 합니다. 그렇다면 인력 감축에서 중요한 원칙들은 무엇이 있을까요?

- 특별한 계약이 있지 않는 한 인력 감축 기간 동안에도 회사는 해당 직원에게 임금을 지급합니다.
- 예외적인 상황이 아니라면, 직원의 퇴사일이 정해진다면 업무적인 시스템 접속은 안 됩니다.
- 직원은 내부와 외부 잡 검색을 하고, 경력 전환 서비스를 활용합니다.
- 구조조정 기간에, 만약 내부 포지션을 얻지 못하면 직원은 인원 감축을 통해서 퇴사하게 됩니다.
- 글로벌 기업의 경우에는 인력 감축 프로세스는 비슷하나 시기와 요건은 나라 간에 다르게 됩니다.
- 재배치 동안에 내부 포지션을 얻지 못한 직원은 퇴사 주에 인력 감축 통지를 받습니다.
- 해당 직원 모두는 경력 전환 서비스에 참여해야 합니다. 단 이미 재취업이 결정된 경우는 제외됩니다.
- 직원에게 퇴직금을 지급하기 위해서 정해진 일정 내에 필요한 양식에 사인하고 제출합니다.
- 마지막 날짜는 재배치 기간의 마지막 날짜이고 회사에서 직원이 마지막으로 근무하는 날입니다.
- 퇴사일은 임금에서 산정하는 직원의 마지막 날짜입니다. 직원이 마지막으로 근무하는 날짜와 퇴사일이 같지 않을 수도 있습니다. 예로, 직원이 마지막 근무 이후에 휴가를 내고 퇴사를 할 경우 발생합니다. 따라서 인사에서는 임금을 산정하는 마지막 날짜인 퇴사일을 관리합니다.

23

대시보드를
가지고 있나요?

측정할 요소들, 함께 정하세요

구조조정은 매우 복잡한 과정이고 많은 이해관계자들이 연결되어 있습니다. 구조화된 프로세스를 가지지 못하고, 하나의 프로세스라도 제대로 실행하지 못한다면 조직은 극도의 혼란을 가져오게 됩니다. 그렇다면 이렇게 어렵고 복잡한 것을 어떻게 잘 실행할 수 있을까요?

묘수가 숨어 있습니다. 그렇다면 묘수의 비밀은 무엇일까요?

이는 구조조정 전반적인 프로세스를 관리하고 모니터링하는 대시보드Dashboard입니다. 대시보드는 한 사람에 의해서 이루어지는 것이 아니라 이해관계자들과 함께 만드는 합작품입니다.

구조조정에 많은 이해관계자들이 참여하고, 이들과의 협력과 원활한 소통이 없이는 성공적으로 구조조정을 실행하기가 어렵습니다. 이해관계자들은 무수히 많습니다. 그중에서 대시보드를 통해서 이해관계자들의 역할을 명확히 하고, 그들이 한 일에 대해서 책임을 지도록 하는 것입니다.

대시보드에 7가지를 담으세요

구조조정은 상시적으로 발생하지 않기는 하나 회사에서 중요하고 긴급한 사항이라 조직 내에 거버넌스가 정해지고 이에 따른 프로젝트관리팀Project Management Office: PMO이 구성됩니다. 전사에 걸쳐서 리더십팀을 포함하여 구조조정 관련 팀이 관여됩니다.

대표적으로 구조조정 관련 모든 소통을 담당하는 소통팀, 법적인 검토를 이끄는 법무팀, 관리자 그룹, 운영팀, 인사팀, 총무팀, 보안팀, 전산팀, 급여팀들과 함께 파트너로 일합니다. 이렇게 많은 이들과 어떻게 협업을 할 수 있을까요? 각각의 팀들이 각자의 일을 잘하고 팀들 간의 협업을 가져오기 위해서 대시보드에 어떤 내용을 담아야 할까요?

구조조정을 잘 이끌어 나가기 위해서는 대시보드에는 회사의 전략, 구조조정 대상이 되는 인력관리, 관리자, 소통, 보상, 교육, 통지이벤트를 담아야 합니다. 가정 먼저 해야 할 부분이 회사의 전략입니다. 이전에 회사의 합병결정에 따라 중복되는 영업조직을 구조조정한 적이 있었습니다. 회사는 전략적으로 구조조정 대상조직으로 중복되는 영업조직으로 한정했습니다. 대상자는 대상조직의 모든 직원으로 관리자와 직원 모두에게 통지했습니다. 중복되지 않는 조직은 구조조정에 해당이 되지 않기 때문에 전사적으로 분위기가 뒤숭숭해지지 않도록 가능한 빠르게 구조조정을 마무리짓는 회사 전략을 가져갔습니다.

글로벌 기업이기 때문에 본사의 승인과 법무팀의 조언은 필수적이며, 직원 대표들과의 협의도 고려되어야 합니다. 하나라도 빠지게 된다면 다음 단계로 진척될 수가 없습니다. 따라서, 대시보드에는 회사 전략이 마련되어 있는지, 본사 혹은 경영층 승인을 득했는지, 법무팀 피드백을 받았는지, 직원 대표와의 협의가 되었는지, 통지 날짜를 확정했는지, 빠른 구조조정이 요구되어 퇴사일자를 내부적으로 정했는지 등을 포함했습니다.

비즈니스 측면에서 구조조정에 따른 영향을 줄이기 위해서 비즈니스를 지속하기 위한 전략을 세우는 것이 필요합니다. 또한, 퇴사와 관련하여 물리적 자산과 디지털 자산을 보호하기 위한 전략 수립도 대시보드에 담아야 합니다.

다음은 구조조정 대상이 되는 인력 관리입니다. 회사 전략에 따라서 중복된 영업본부의 대상자 명단을 데이터베이스화합니다. 실제 구조조정을 하다 보면 계획된 인원과 실제 명단이 달라지게 됩니다. 구조조정 발표 시점에 따라서 내부적으로 부서 이동이 겹치는 분들이 있기도 합니다. 조직이 큰 경우에는 매일 국내외 전근이 발생하기 때문입니다.

이전에는 영업 조직이었는데 다른 조직으로 최근에 이동이 된 직원의 경우, 구조조정 대상자에 포함해 달라고 요청하는 해프닝이 발생하기도 합니다. 반대로, 다른 조직에서 영업 조직으로 최근에 이동한 경우에는, 그 상황을 고려해야 합니다.

이렇듯 복잡한 관계로 인해서 현 직무에서 얼마나 일했는지가 고려 요소가 되기도 합니다. 대시보드를 통해서 명단을 관리합니다. 비대상자도 신청할 수가 있습니다. 실제 명단에 있는 구성원도 신청하게 됩니다. 따라서 최종 명단을 확정하고 관리하게 됩니다. 대시보드로부터 최종 명단이 누구인지 뿐만 아니라 어떤 과정을 거쳐서 명단이 선별되었는지도 살펴보기 위함입니다.

그다음은 관리자에 대한 부분입니다. 만약 구조조정에 따른 대상자가 있다면 누가 이들에게 통지할지를 결정해야 합니다. 조직의 상황에 따라서 임원진이 직접 할 수도 있고, 중간 관리층이 하거나, 일반 관리자 그룹이 될 수도 있습니다. 따라서 통지할 관리자를 정해야 합니다. 이들에게 체계적인 교육을 실시하여 구조조정에 대한 일관된 메시지를 전달하는 것이 필요합니다. 만약 교육을 제대로 하지 않을 경우에는 개인기를 발휘하여 많은 문제를 가져올 수 있습니다.

대시보드에는 통지할 관리자를 정했는지를 포함합니다. 관리자와 주요 인사팀이 교육을 받았는지를 확인합니다. 교육을 완료한 날짜를 관리합니다. 관리자가 통지할 날짜를 알고 있는지를 넣어야 합니다.

소통에 대한 부분도 중요합니다. 구조조정 이전에 소통이 매우 중요함을 언급했습니다. 구조조정 이전뿐만 아니라 구조조정이 시작된 이후에도 여전히 커뮤니케이션은 중요합니다. 따라서 커뮤니케이션 전략을 잘 세우고 잠재된 위험들을 관리할 수 있도록 해야 합니다. 특히 구조조정 대상자들에게 통보를 시작할 경우에는 더욱 그렇습니다.

따라서 대시보드에는 소통 전략을 세웠는지를 확인합니다. 경영진을 포함해 임원들에게 통지 교육을 했는지도 살핍니다. 전체적인 소통을 누가 관리 감독할지를 포함해야 합니다.

보상 부분도 살펴야 할 부분입니다. 구조조정에 관한 보상 전략이 수립되었는지를 체크합니다. 보상과 관련된 예상 질의응답도 함께 준비되었는지를 포함합니다. 또한 구조조정에 따른 위로금을 계산할 수 있는 툴이 구성원에 제공되는지가 대시보드에 포함되어야 합니다.

다음은 교육입니다. 구조조정은 전체 과정에서 하나라도 삐끗하면 조직과 구성원에게 큰 상처를 낼 수 있어 철저한 운영이 요구됩니다. 이해관계자들이 많이 관여되어서 각자 자신의 목소리를 내기 시작하면 나중에는 조직의 입장인 것처럼 확대 해석되어 소문이 무성하게 됩니다. 따라서 구조조정에 관여하는 주요 이해관계자들에게 교육은 필수입니다.

정확한 정보를 공유하고, 그들이 각자 무엇을 해야 하고 책임져야 하는지를 설명해야 합니다. 대시보드에는 구체적인 내용들이 담겨야 합니다. 이해관계자들에게 전달할 교육 자료를 준비했는지 살핍니다. 교육 일정은 확정했는지도 확인합니다. 강사를 누구로 할지를 정합니다. 강사가 교육을 잘 전달했는지를 확인합니다.

대상자들에게 통지를 할 경우에는 통지 날짜 전에 교육이 전달된지도 확인해야 합니다. 구조조정에서 힘든 부분 중 하나가 통지 이벤트입니다. 통지를 잘 지원할 수 있도록 전방위적인 관리가 필요합니다.

먼저 인사팀이 통지를 위해서 모든 준비를 마쳤는지를 포함합니다. 만약 재택근무자가 있다면 그 직원에게 통지할 계획을 세웠는지를 포함합니다. 통지하는 관리자에게 패키지를 제공했는지도 확인합니다. 패키지에는 일정, 퇴사 관련 양식, 보상금액, 전직 서비스 등 세부사항을 담았는지도 체크합니다. 통지할 장소가 준비되었는지도 포함합니다. 이해관계자들과 소통하는 일정표가 마련되었는지를 확인합니다. 통지 하루 전에 인사팀과 이해관계자들이 철저히 준비했는지 확인 절차를 대시보드에 담습니다.

이해관계자들과의 협업, 쉽지 않으나 중요합니다

구조조정에 관여한 이해관계자들과의 협업이 중요합니다. 하지만 이를 실행으로 옮기는 것은 참으로 힘듭니다. 그래서 협업을 이끌어내는 데 대시보드라는 관리 도구가 큰 힘이 됩니다.

이해관계자들은 조직을 크게 보기보다는 자신이 속한 팀의 이익에 보다 집중하는 경향이 있습니다. 실질적으로 수직적 관계에서 서로를 바라보게 됩니다. 업무를 하다보면 수직적 관계는 많은 제약을 불러옵니다. 따라서 이해관계자들 간에 서로를 수평적 관계에서 파트너로 바라봐야 합니다.

우선 이해관계자들 중에서 구조조정의 실제 업무에 관여된 주요 이해관계자들이 누구일까요? 주요 이해관계자들은 직접적으로 업무 협조가 필요한 그룹입니다. 법무팀, 총무를 포함한 관리운영팀, 전산팀, 보안팀, 급여팀들이 대표적으로 주요 내부 이해관계자 그룹입니다. 이들과 업무적으로 어떻게 수평적으로 일할 수 있을까요?

우선 법무팀과의 관계에서 업무적인 협업을 예로 들겠습니다. 구조조정을 준비하고 실행하는 데 전반적으로 법적 조언이 필요합니다. 세부적으로 구조조정에 사용할 퇴사 양식들도 법적으로 문제가 없는지를 요청해야 합니다. 대다수의 작업들이 급박하게 이루어지므로 법무팀에 검토를 요청할 때에는 시한을 정하고 피드백을 달라고 요청해야 합니다. 즉, 정해진 시한을 잘 지켰는지 등 현실적인 사항을 대시보드에 담아야 합니다. 대시보드를 통해서 전반적인 사항부터 세부사항까지 관리함으로써 구조조정에서 법적으로 문제가 발생할 수 있는 사항들을 회사와 직원 모두 사전에 예방할 수 있습니다.

다음은 총무를 포함한 관리운영팀입니다. 구조조정에 영향을 받는 총무 관련 계획을 세웠는지, 회사의 자산과 차량에 관리에 대한 계획을 제출했는지, 세워진 계획대로 실행이 되는지를 확인하는 것도 대시보드에 포함합니다. 회사 차량의 경우 총무 계획에 따른 명확한 지침을 전달함으로써 직원들의 기대와 요구 사항을 잘 반영할 수 있습니다.

다음은 전산팀입니다. 대부분의 작업들이 시스템으로 이루어져 있기 때문에 전산팀과는 밀접한 협업이 요구됩니다. 구조조정에 따라서 직원들이 사용한 각종 IT자산들이 많습니다. 퍼스널 컴퓨터, 노트북, 노트패드, 프린터기, 공유기 등 개인들에게 지급된 IT자산에 대해서 계획을 세웠는지를 확인합니다. 구조조정 대상자가 확정되면 회사 시스템 접속에는 제약이 있게 됩니다. 따라서 개인들이 회사의 시스템에 접속할 수 있는 날짜를 확인합니다. 전산팀에서 세운 계획에 따라서 적절하게 조치가 되지 않을 때는 정보 관리 보호상에 문제가 발생하게 됩니다.

다음은 보안팀입니다. 구조조정이 시작되면 감정적으로 통제가 힘든 직원들이 간혹 발생합니다. 따라서 발생할 수 있는 충돌들을 예방하기 위해서 회사는 보안 계획을 세우는 것이 필요합니다. 특히, 통지가 이루어지는 날에는 모든 상황을 고려해야 합니다. 대시보드에는 이러한 계획이 제대로 준비되었는지를 담습니다. 특히 잠재적인 위협들이 잘 체크되고 있는지를 포함합니다. 또한 적절한 인력이 투입되는지 등도 확인해야 합니다.

그다음은 급여팀입니다. 구조조정에서의 보상 부분은 대상자들에게 큰 관심사입니다. 따라서 대시보드에는 대상자에게 지급될 보상 프랜을 준비했는지를 포함합니다. 또한 계획들이 제대로 실행되는지 체크합니다.

이 모든 것들은 인력이 소요되므로 투입될 인력들을 포함합니다.

회사가 약속한 날짜에 대상자들에게 희망퇴직 위로금들이 지급되지 못한다면 어떻게 될까요? 중요한 약속을 어기게 되므로 큰 문제가 될 수 있습니다. 따라서 대시보드에는 이러한 약속들이 구체적으로 담겨져야 합니다. 지금까지는 내부 주요 이해관계자들을 말씀드렸습니다.

외부의 주요 이해관계자가 있을 수 있습니다. 특히 여러분의 회사가 전직 서비스를 제공한다면 전직 서비스 업체가 주요 이해관계자가 됩니다. 외부이지만 이들과의 파트너십이 무엇보다도 필요합니다. 따라서 대시보드에 담겨야 할 부분은 우선 전직 서비스 업체와의 계약 조건이 중요합니다.

계약상에 서비스되어야 할 내용을 결정합니다. 계약 조건을 세부적으로 검토 완료했는지 포함합니다. 계약을 일정대로 체결하였는지를 체크합니다. 특히 퇴사 이후의 사후 검토를 했는지, 어떤 액션을 취했는지를 확인합니다. 계약에 명시한 대로 업체가 적절한 인력을 투입하는지를 대시보드에 담아야 합니다.

24

대시보드
어떻게 관리하나요?

프로세스에 집중하세요

전 세계적으로 구조조정이 실시되면, 구조조정의 철학과 원칙에 기반해 모든 나라가 동일하게 움직입니다. 그러나 각 나라별로 적용되는 국내법과 특성에 따라 프로세스가 상이하게 됩니다. 대표되는 몇 개의 나라를 소개하겠습니다.

아시아태평양지역본부에서 노동의 탄력성이 높은 국가 중 하나는 싱가포르입니다. 전체 구조조정 프로세스 중에서, 싱가포르는 해당자를 확정하고 이를 통지하는 프로세스를 가지고 있습니다. 싱가포르 대시보드에는 명단을 확정하고 이를 통지하는 프로세스가 진행되므로 이 부분에 중점을 둡니다. 즉 구체적으로 프로세스를 나열하고, 각 프로세스의 시작 날짜와 마무리 날짜를 명시하도록 하여 일의 진

척도를 확인합니다.

전반적으로 세부사항들이 잘되고 있는지를 표시하고, 만약에 아직도 시작을 하지 않았다면 문제의 심각성이 어느 정도인지도 함께 관리하여 차질이 없도록 관리합니다. 세부 프로세스는 다음과 같습니다.

각 사항마다 시작 시점과 마무리 시점을 프로세스 책임자들과 동의하는 절차를 거칩니다.

- 구조조정 대상 명단을 검토합니다.
- 검토된 통지레터를 직원 대표에게 공유합니다.
- 구조조정 대상자에게 통지를 위해서 미팅룸을 마련합니다.
- 전체적인 검토를 마무리합니다.
- 통지 매니저를 정합니다.
- 임원들과 미팅합니다.
- 인사계획 세션을 마련합니다.
- 통지 교육에 대한 초대를 보냅니다.
- 본사로부터 최종 리스트를 가집니다.
- 대상자 리스트에 대한 변경이 있는지 최종 마무리합니다.
- 인사팀에게 통지교육을 합니다.
- 통지 매니저를 위해서 통지 교육을 실시합니다.
- 통지를 시작합니다.

한국의 경우에는 대상자가 확정되기보다는 희망퇴직의 형태로 진행되므로 대시보드에는 이 부분이 중점적으로 담깁니다. 전체적으로 관리되는 프로세스는 다음과 같습니다.

- 소통 자료를 준비합니다.
- 법적 검토를 합니다.
- 아시아 본부 프로젝트팀으로부터 기능별 목표 예상치를 받습니다.
- 자료와 프로세스에 관해서 법적인 검토합니다.
- 퇴직금 패키지에 대한 승인을 받습니다.
- 국내 최고경영자로부터 최종 승인을 득합니다.
- 임원들과 협의를 합니다.
- 직원 대표와 소통합니다.
- 통지 매니저를 정합니다.
- 통지 매니저를 위한 통지교육을 합니다.
- 비즈니스와 현업으로부터 희망 직원의 리스트를 받습니다.
- 대상자 리스트를 아시아본부 프로젝트팀에게 제공합니다.
- 국내 최고경영자가 모든 직원에게 전달할 발표문을 준비합니다.
- 명단에서 대체할 포지션이 있다면 아시아본부 프로젝트팀AP PMO과 소통을 가집니다.
- 대상자와 소통을 합니다.
- 대상자로부터 지원서를 받습니다.
- 필요할 경우에 대상자와 자세한 소통을 합니다.

- 퇴사에 관해서 대상자와 서면합의를 마무리합니다.
- 대상자가 퇴사 절차를 밟습니다.
- 대상자는 경력 전환과 경력 서비스를 전직 서비스 업체로부터 받습니다.

호주와 뉴질랜드의 경우에는 싱가포르나 한국과 달리 선발 프로세스를 통해서 대상자를 확정하고 이를 통지하는 것으로 진행되기 때문에 대시보드에 이 내용이 담겨 있습니다.

- 본부로부터 인원수와 비용 절감 목표치를 받습니다.
- 비즈니스에 대한 분석을 합니다.
- 매니저에게 선발 프로세스와 기준에 대한 교육을 합니다.
- 선발 프로세스 진행합니다.
- 법적 영향과 위험도를 측정합니다.
- 총보상을 계산합니다.
- 통지 매니저에게 통지 교육을 실시합니다.
- 통지 일정을 잡습니다.
- 통지에 앞서 통지 회의를 갖습니다.
- 대상자에게 통지를 합니다.

거버너스별 대시보드 철저한 실행에 도움이 됩니다

구조조정이 생길 경우에 프로젝트팀PMO이 구성됨을 얘기한 바 있습니다. 이들에게 책임과 역할이 주어집니다. 구조조정의 일들이 무리 없이 진행되는지를 어떻게 알 수 있을까요? 대시보드를 통해서 관리를 하게 됩니다.

대시보드에 어떤 항목으로 관리되는지를 살펴보겠습니다.*

• 프로젝트팀을 구성합니다.

• 분석도구와 리포트를 개발합니다.

• 구조조정에 소요되는 비용의 표준화된 방식과 처리를 정합니다.

• 세금, 법, 전직 서비스 등 업체와의 협의체를 구성합니다.

• 프로그램을 개발합니다.

• 전략에 대해서 본사 조직 프로젝트팀과 유기적으로 협업합니다.

• 아시아태평양본부의 승인하에 프로그램을 확정합니다.

• 오픈도어 프로세스를 개발합니다.

• 이슈를 관리하는 프로세스를 개발합니다.

구조조정 대상자를 정하는 일을 하는 팀의 경우에는 다음의 대시보드가 활용됩니다.

---

* 중요 영역별, 파트너별, 일정관리 대시보드는 부록에 수록해 두었습니다.

- 비즈니스는 대상 인원수와 비용 목표치를 개발합니다.

- 인원과 비용 목표치가 검증되고 검토됩니다.

- 검토된 내용에 대해서 어떤 영향이 있는지를 분석합니다.

- 본부 프로젝트팀에서 받은 자세한 인원리스트를 공유합니다.

- 나라별 법적인 검토를 합니다.

- 아시아본부 프로젝트팀에게 이슈와 기대치를 전달합니다.

- 비즈니스 인사본부와 본사 프로젝트팀에게 이슈와 권고사항을 전달합니다.

- 합의된 리스트를 가져갑니다.

보상팀의 경우에도 다음의 대시보드 내용이 사용됩니다.

- 전사적으로 사용할 보상 계획을 전달합니다.

- 나라별 보상 계획을 검토합니다.

- 국내보상구조compensation structure를 제안합니다.

- 보상구조에 대해서 필요한 승인을 득합니다.

- 실행을 위해서 보상에 대해서 소통합니다.

- 보상에 관해서 도구와 프로세스를 개발합니다.

- 보상에 대한 이슈를 규명하고 해결합니다.

- 예상 질의응답지를 개발합니다.

인력 재배치, 성과 지표화하세요

회사는 구조조정에서 직원들이 내부 포지션에서 가능한 자리를 찾을 수 있도록 인력 재배치를 실시하게 됩니다. 회사가 아무리 재배치가 필요하다고 외쳐도 비즈니스 내부에서 이에 대한 필요성을 절감하지 못한다면 결국에는 제도를 실시하는 시늉만 하고 끝나게 됩니다.

이 제도가 조직 내에서 실질적인 효과를 거두기 위해서는 대시보드로서 관리하는 것이 필요합니다. 그렇다면 어떤 내용을 성과 지표화하면 좋을까요?

이전에 여러 지표를 사용했으나, 너무 복잡하게 지표를 정하게 되면 이해당사자들이 쉽게 접하지 못하는 문제점들이 발생했습니다. 따라서 꼭 관리해야 하는 것에 집중하게 되었고, 아래의 몇 가지를 소개하고자 합니다.

- 인력 관리 시스템에 등록된 명단에서 재배치를 진행하는 직원 수No of active redeployed employees who are registered in workforce management database
- 재배치를 진행하는 직원 수No of active redeployments
- 성공적으로 재배치를 끝낸 직원 수No of successful redeployment
- 재배치 없이 인력 감축을 진행하는 직원 수No of WFR employees who bypass redeployment

첫 번째 지표는 인원 감축 리스트가 사전에 계획이 되었다면 그 계획 대비 어떻게 변화되었는지를 보기 위함입니다. 두 번째 지표는 계획된 리스트와 상관없이 현재 재배치 풀에 있거나 재배치 중에 있는 인력을 의미합니다. 세 번째 지표는 구조조정 대상자가 조직 내에서 잡을 찾는 경우입니다. 마지막 지표는 회사가 구조조정 대상자에게 재배치를 고려하도록 요청했으나 이를 거절하고 퇴사한 직원을 의미합니다.

회사는 성과지표 결과를 각 비즈니스장과 관리자 그룹에게 지속적으로 공유하고, 특히 세 번째 지표의 경우에는 추후에 해당 직원이 어떤 성과를 내는지도 관리하게 됩니다.

이외에, 구조조정이 마무리된 이후에는 희망퇴직에서 최우수 고과자가 퇴사한 비율과 신입직원의 비율도 확인합니다. 사실상 이 부분은 구조조정이 시작되기 전부터 집중적으로 관리하는 부분이기도 합니다.

전직 서비스, 대시보드로 옥석을 가리세요

회사는 퇴사하는 직원으로 하여금 그들이 원하는 경력을 찾는 데 도움이 되도록 전직 서비스를 제공합니다. 회사가 내부적으로 지원하기보다는 전문성이 있는 외부 업체에 서비스를 위탁하는 것이 일반적입니다. 이는 상당한 시간을 요구하므로 내부에서 하기에는 현실적으로 어려움이 있고, 외부 시장을 잘 읽는 전문가의 역량을 활용하는 것이 보다 효율적이기 때문입니다.

회사가 좋은 업체를 선정하더라도 그 업체가 퇴사 직원에게 만족한 서비스를 제공했는지를 대시보드화하여 체크해야 합니다. 사실상 퇴사 직원은 퇴사 직전과 이후에도 본인이 무엇을 원하는지를 잘 모르거나, 어떤 방향으로 나갈지를 결정하지 못한 경우가 많습니다. 업체 입장에서는 퇴사 직원의 무반응이 곧 만족한다고 이해하게 됩니다. 따라서 업체와 퇴사 직원에게 대시보드가 있음을 전달하여 업체로 하여금 질 좋은 서비스를 하도록 요구해야 합니다.

질 좋은 서비스가 말처럼 쉽지는 않습니다. 개인의 성향에 따라서 동일한 서비스를 해도 만족도가 각기 다르기 때문입니다. 따라서 처음에 전직 서비스가 무엇이며, 어디까지 서비스 범위가 있는지를 명확하게 상대방에게 전달해야 합니다. 그래야 퇴사 직원의 기대치 조정이 가능하기 때문입니다. 퇴사함에 따라 개인들은 정서적으로 무척 민감한 상태가 됩니다. 따라서 일대일 세션을 갖는 것이 꼭 필요합니다.

이전에 지방에서 근무하고 퇴사한 직원이 있었습니다. 업체에서는 원격근무한 직원과 비대면 화상통화를 한 적이 있었습니다. 사실 비대면 방식은 감정이 잘 전달되지는 않습니다. 해당 직원은 본인이 원하는 것을 거의 한마디도 하지 않고 정해진 시간을 채운 이후에 통화를 끊었습니다.

당연히 그다음에 문제가 발생했습니다. 서비스를 안 받겠다고 회사에 전달해 왔습니다. 그 이유를 알기 위해서 대화를 하다 보니, 첫 만남부터 비대면 통화를 하는 것이 기분 나빴다고 했습니다. 본인을 존중하지 못한다는 생각이 들었기 때문입니다. 물론 나중에 잘 설명하여 이분은 다시 서비스를 받게 되었습니다.

이 사례가 특이한 것은 아닙니다. 따라서 서비스를 제공할 때 일대일 세션 시에는 대면 방식으로 하도록 업체에 요청했습니다.

경력 전환 세미나의 경우에는 시장의 변화와 트렌드를 전달합니다. 내가 어떻게 변화되어야 하는지, 나의 직무에서 무엇이 필요한지를 준비하도록 인사이트를 제공하도록 구성합니다. 이 과정은 위탁업체에 맡기기보다는 회사가 직접 관여하여 피드백을 주는 것을 권고합니다.

대시보드에 포함할 주요 내용은 다음과 같습니다.

- 전직 서비스의 소개를 잘 담아서 전달했는지
- 일대일 세션을 했는지
- 일대일 세션의 횟수는 어떠한지
- 경력 전환 세미나를 열었는지
- 전직에 필요한 세부 모듈을 구성했는지

  M1 경력계획

  M2 이력서 작성

  M3 잡서치 기법

  M4 네트워킹

  M5 생산성

M6 인터뷰

- 관리 서비스는 어떠했는지
- 오피스 공간 대여를 한다면 원할 때 잘 활용할 수 있는지

정기적으로 체크하세요

구조조정을 하는 데 우리가 맡고 있는 업무들이 잘 돌아가는지, 이해관계자들과의 협업이 문제가 없는지를 대시보드를 통해서 살펴봅니다.

대시보드 검토 시에는 이해관계자들이 모두 참석하여 각자 맡은 부분을 공유해야 합니다. 업무적으로 진척이 되고 있는지, 계획 대비 실행이 잘 되고 있는지, 업무적인 문제는 없는지, 도움이 필요한 부분은 무엇인지를 서로 논의해야 합니다.

이해관계자의 단위에 따라 검토 주기도 다르게 정해야 합니다. 자체 팀의 업무에 대해서는 주 단위로 점검 회의를 가져야 합니다. 팀 간의 검토는 격주 단위로 회의를 실시하고, 부서 간 회의는 월별로 정해서 서로 의견을 나누어야 합니다. 만약에 긴급 사항이 발생했을 경우에는 정해진 검토 주기와 상관없이 문제를 검토하고 해결해야 합니다.

구조조정이 시작되는 초기에는 사실상 주 단위로 모든 이해관계자들 회의를 실시했고, 구조조정이 안정적으로 실행될 경우에는 월 단

위로 회의를 하게 되었습니다. 이렇듯 사안에 따라서 유연하게 검토 주기를 가져갑니다.

이슈는 별도로 관리하세요

업무적인 문제점이 있는 것은 당장 해결할 수 있는 것도 있으나, 시간이 걸리는 문제도 있고, 해결이 힘든 사항도 있기 마련입니다. 따라서 문제의 난이도별로 이슈를 정리하는 것이 필요하며, 이에 대한 대책도 병행해야 한다.

전직 서비스의 경우에 대시보드 활용을 공유해 드렸습니다. 지표 중에서 오피스 공간 대여가 있습니다. 이 부분은 특정한 임원에게 제공되는 서비스 중 하나입니다. 이 지표의 경우에 만족도가 무척 낮았습니다. 그 이유를 살펴보니 회사가 업체와 계약을 할 때에는 오피스 공간 활용으로 애매모호하게 정의가 되어 있었습니다. 위탁업체는 우리 회사 이외에 다른 회사와도 계약을 같은 시기에 하여 우리 퇴사임원이 필요한 시간에 공간을 활용하는 데 많은 제약이 되었습니다. 따라서 퇴사임원이 큰 불만을 표시하게 된 것입니다.

당장은 계약이 이미 체결된 상태라서 변경이 힘들었으나, 내부적으로 조정하여 이슈를 임시로 마무리했습니다. 하지만 근본적인 문제가 해결된 것이 아니라서 추후 이슈리스트에 포함하여 보다 구체적인 서비스 수준을 명시하도록 변경하였습니다.

25

퇴사 과정에
가치를 담고 있나요?

퇴사자도 우리의 고객입니다

구조조정에 의해서 직원이 퇴사를 결정한 이후에는 회사는 이들이 회사에 좋은 감정을 남기도록 세심한 배려를 하는 것이 필요합니다. 단순히 말로써 표현하는 것이 아니라 시스템적으로 이들에게 체계화된 서비스를 제공하는 것을 의미합니다.

각 부서에서 직원들에게 지원했던 서비스를 한 곳으로 모으고, 각 부서 담당자에게 요청하지 않아도 회사를 떠나기 전에 그들에게 요구되는 활동들에 대해서 확인하고 동의를 하면 퇴사 처리가 되도록 하는 것입니다.

퇴사 체크리스트를 제공하세요

이들은 기존 일반퇴사자와는 다른 양상을 지닙니다. 대체적으로 퇴사를 결정하고 나서는 사람과의 만남을 꺼려한다는 것입니다. 사실상 그동안의 노고를 감사하는 것임에도 직원들은 조용하게 회사에서 떠나기를 원합니다. 이러한 성향으로 인해서 퇴사 프로세스는 가능한 프라이빗하게 만들고 셀프 서비스를 제공해야 하는 특성을 지닙니다. 단, 셀프 서비스는 복잡하지 않고, 가능한 필요한 정보는 확인하고 동의하는 차원에서 설계되어야 합니다.

막상 퇴사를 결정하면 무슨 일이 이렇게 많은지, 해야 할 일이 생각보다 상당합니다. 따라서 직원은 빠진 것이 없는지, 법적으로 퇴사를 마무리짓기 위해서 무엇을 해야 하는지, 매니저는 직원이 퇴사 이전에 무엇을 해야 하는지를 알아야 합니다. 우리는 이를 퇴사 체크리스트Termination checklist라고 부릅니다.

어떤 내용이 담겨야 하는지 함께 살펴보겠습니다.

- 가장 먼저 체크해야 할 부분은 현 업무를 동료에게 인수인계하는 것입니다. 만약에 직원이 프로젝트에 투입되어 있을 경우에는 프로젝트의 진행 정도를 확인하고 다른 팀원에게 잘 전달되었는지 체크합니다.
- 회사의 모든 서류는 얼마나 가지고 있을지에 대한 기록 보유 정책이 있습니다. 퇴사자의 업무는 말로서 동료에게 전달하는 것이 아닌 업무 매뉴얼화가 되어 있어야 하며, 이를 동료가 잘 받았는지를 확인합니다.

- 업무적으로 중요한 정보를 다루는 직원의 경우에는 퇴사 인터뷰를 하도록 합니다. 계약에 명시되어 있더라도 인터뷰를 통해서 퇴사 이후에 기밀정보 관리에 문제가 생기지 않도록 하기 위한 예방 차원입니다.

- 직원이 업무와 관련해서 법인카드로 결제한 경우들이 있습니다. 퇴사 이후에 직원에게 카드 결제금액이 청구될 수 있습니다. 따라서 퇴사자는 비즈니스와 관련된 비용을 사전에 회사에 청구해야 합니다.

- 직원이 회사가 제공하는 노트북, 노트패드 등 IT 전산 장비들은 퇴사 전에 반납해야 합니다. 이는 회사의 자산이기 때문입니다. 하지만 일부 기업들은 장비를 개인에게 파는 경우도 있습니다. 퇴사 전에 회사 내부의 정책을 파악하면 도움이 됩니다.

- 회사가 발급한 다양한 법인카드, 유류카드, 비용카드, 교통카드 등은 퇴사 시 정지됩니다. 따라서 직원은 자신의 상황에 문제가 없도록 해야 합니다.

- 회사의 매뉴얼, 공인인증서 등을 가지고 있다면 이것들도 반납해야 합니다.

- 회사에서 영업을 위해서 차량을 지원받았다면 이를 반납합니다. 다만, 회사마다 차량정책이 다르나, 본인이 탄 차량을 인수할 수 있는 옵션도 있습니다. 퇴사 전에 확인이 필요합니다.

- 직원이 영업 인센티브를 받고 이와 관련하여 회사에 남아있는 부채가 있다면 이를 확인합니다. 기본 인센티브를 먼저 제공하고 나중에 정산하는 시스템으로 운영하는 기업들이 있기 때문입니다. 퇴사 시에 영업딜이 취소될 경우에는 받은 인센티브를 돌려줘야 합니다.

플랫폼을 통한 원스톱서비스와 셀프 서비스를

구조조정을 실시하다 보면 다양한 질문들이 발생합니다. 개인들의 질문에 즉시 답하면 좋겠으나, 담당자가 자리를 비우거나 휴가 등으로 답변이 힘들 경우에는 질문한 사람은 마냥 기다려야 합니다.

글로벌하게 전 세계적으로 구조조정을 하게 될 경우에는 문제는 더 심각해집니다. 그래서 회사는 구조조정 대상자들이 그들이 필요한 때에 원하는 정보를 얻을 수 있도록 웹사이트를 제공했습니다. 주말이든 휴일이든 낮이든 밤이든 상관없이 24/7 쉽게 접속할 수 있는 셀프 서비스 플랫폼입니다. 이 웹을 접속할 수 있는 권한은 회사가 구조조정 대상자로 승인한 자만이 가능합니다.

웹사이트에서 직원들에게 가장 인기 있는 섹션은 질문과 답변 부분이었습니다. 일반적인 질문부터 구체적인 질문까지 다양하게 분포되어 있습니다. 직원 자신이 키워드를 가지고 원하는 정보를 서치하도록 하고, 만약에 본인이 원하는 답을 구하지 못할 경우에는 실시간 챗봇 서비스도 운영하여 도움을 주었습니다.

웹 플랫폼은 구조조정 대상자들이 원하는 정보 상당수를 담고 있어서, 내부인을 거치지 않더라도 개인 스스로 셀프 서비스를 통해서 민감한 정보들을 실시간 챗봇을 통해서 얻을 수 있도록 했습니다.

퇴사자들이 질문하는 대표적인 몇 가지를 소개해 보겠습니다. 구조조정에 앞서 회사는 일반적으로 대내외적으로 소통을 많이 합니다. 그럼에도 불구하고 구조조정 대상자들은 회사가 왜 인력 감축을 하는지 알기를 원하고 이에 대한 질문이 많습니다.

사실상 이 질문에 대해 회사는 현재 처한 상황에 따라서 답변이 그 때그때 다르게 됩니다. 신문이나 언론 보도에 따르면 회사의 내부와 외부 환경 변화로 인해서 매출이 점점 감소되고 이익이 악화되어서 비용 절감의 일환으로 구조조정을 하는 경우가 많습니다. 미국의 경우 경영 상황이 좋지 않으면 몇 천 명 감원과 같이 명확하게 감축될 인원수를 공개하거나 전체 인원 대비 몇 퍼센트를 줄일지를 발표하고는 합니다.

하지만 꼭 비용 절감을 위해서만 구조조정을 하는 것은 아닙니다. 재무적인 상태가 안정적이어도 인수합병을 통해 비즈니스 시장에서 리더로 자리매김하기 위해서 구조조정을 하게 됩니다. 인수합병에 따라 중복되는 부분에 대한 조치이기도 합니다.

이전에 퍼스널 컴퓨터와 노트북 시장에서 높은 점유율을 갖기 위해서 회사는 합병에 따른 구조조정을 한 바 있었습니다. 리더십 부분, 제품 부분과 서비스 부분, 관리 부분에 집중적으로 인력이 감축된 적이 있습니다. 그 이외에도 제품에 대한 연구개발 투자를 위한 장기적인 재원을 마련하기 위함도 있습니다.

이와 같이 전사적으로 구조조정을 하기도 하나, 특정한 사업부 혹은 특정한 팀 단위로 구조조정이 되기도 합니다. 따라서, 상황에 맞게 해당 시나리오별 답변이 마련됩니다.

구조조정

세심한 배려로 가치를 전달

다음으로 선호하는 섹션이 보상 부분에 대한 질문입니다. 기업마다 보상구조가 다르며, 만약에 업무가 세분화되어 있다면 개인의 직무에 따라서 적용받는 보너스의 형태가 다르게 됩니다. 영업 관련 직무를 맡고 있다면 영업 인센티브가 있고, 서비스 관련 직무를 맡았다면 서비스 성과 보너스가 적용되며, 관리 관련 직무라면 전사 성과 보너스가 있습니다.

대상자들은 내가 구조조정으로 퇴사를 할 경우에 보너스를 받는지를 질문합니다. 보상의 구조가 복잡하고, 인센티브와 보너스 종류가 많다 보니 구조조정 초기에는 명확한 룰이 없었습니다. 따라서 일반 퇴사에 명시된 룰을 준용하였습니다.

하지만, 구조조정은 개인 이유보다는 회사의 이유로 인해서 시작되므로 일반퇴사와는 차이점이 분명히 있어야 합니다. 내부적으로 이 부분에 대해서 많은 논의가 있었습니다. 본사에 있는 구조조정본부, 보상본부, 인력관리본부까지로 이 논의가 확대되었습니다. 최종적으로 구조조정에 따른 보상 규정들을 새롭게 정비하는 기회가 된 적이 있었습니다.

보상에 기본이 되는 성과 기간은 직원에게 중요합니다. 기업들은 각각 자신의 상황에 맞게 성과 기간을 규정합니다.

이전에는 성과 기간을 산정할 때 해당 분기 동안에 계속 재직 중인 경우에만 보상을 지급하도록 했었습니다. 하지만 논의를 통해서 대상자가 분기 동안에 중도에 퇴사를 해도 재직한 기간 동안의 보상을 지급하도록 변경을 했습니다. 사실상 이 부분은 회사 입장에서는 재무적인 영향이 큽니다. 하지만 구조조정으로 인해서 영향을 미치는 직원들에게 조금이나마 혜택을 주기 위한 배려입니다.

확정된 성과 기간을 바탕으로 자신이 속한 인센티브와 보너스를 내가 퇴사할 경우에 받을 수 있는지, 해당이 될 경우에는 얼마를 받을 수 있는지를 공유했습니다. 이 플랫폼을 통해서 이전에 없던 서비스를 제공하게 되었고, 해당 직원들은 큰 만족을 표시하기도 했습니다.

보상 규정이 명확하지 않으면 회사와 직원 간에 불신이 시작됩니다. 보상 규정을 명문화하여 구조조정에 따른 퇴사자의 보상의 자격 여부를 투명하게 소통하는 것이 무엇보다도 중요합니다.

구조조정 대상자가 퇴사하기 이전 혹은 퇴사하더라도 이들은 우리의 고객이며 이들에게 제공한 세심한 배려는 곧 가치를 전달하는 것입니다.

구성원들에게 긍정적인 경험을 주세요

만약에 내가 소속된 회사가 스톡옵션, 제한부양도주식이나 주식을 직원에게 제공한다면 이 부분도 많은 질문이 발생합니다. 직원에 따라서 주식 보유 상태는 천차만별입니다.

이전에 회사가 성과를 강화하기 위해서 성과 결과와 연동된 제한

부양도주식을 부여하였고 퇴직자중의 몇 분이 이에 해당된 적이 있었습니다. 성과에 기반한 제한부양도주식은 목표 대비 성과가 달성되지 못하면 제공된 주식은 없으며 주식 협약서에도 명시가 되어 있습니다. 그러나 보통은 자신에게 주어진 주식협약서를 꼼꼼히 읽고 인지하는 분은 많지 않습니다.

스톡옵션도 마찬가지입니다. 구조조정 시에는 부여된 스톡옵션 만기일 혹은 3개월까지 행사할 수 있도록 했습니다. 웹사이트에서 각각 자신의 스톡옵션 만기일을 찾고 관리하도록 가이드했습니다. 회사에 재직할 경우에는 내가 보유한 스톡옵션에 질문이 있으면 회사 내에서 해결할 수가 있습니다. 그러나 퇴사 이후에는 당사자 입장에서는 막막할 수밖에 없습니다. 회사는 주식을 보유한 대상자들이 있을 경우에 주식 브로커 사이트를 연결하거나, 지정된 서비스콜을 정해서 직원이 회사를 떠난 이후에도 전문적인 담당자에게 도움을 받도록 했습니다.

회사가 퇴사자들에게 충분한 정보를 제공하여 인지하도록 하지 않으면 본인이 행사해야 할 권리들을 모르고 넘어갑니다. 따라서 웹사이트에 주식 정보를 연결하여 본인에게 부여된 주식 정보를 쉽게 찾고 관리하여 주주로서 권리를 행사할 수 있도록 안내했습니다.

이 사이트를 운영한 이후에 퇴사자 대상으로 만족도 조사를 한 적이 있었습니다. 대다수는 이 서비스에 높은 점수를 주셨습니다. 사실상 주식은 개인이 관리할 부분임에도 불구하고 회사가 웹플랫폼을 가지고 퇴사 예정자 혹은 퇴사자 스스로 자신의 정보를 조회하고 셀

프로 쉽게 관리하도록 한 것에 감사해했습니다. 퇴사자에게 긍정적인 경험을 느끼도록 함으로써 가치를 제공한 예입니다.

구조조정

26

경력 전환 서비스가
있나요?

도움이 되는 서비스로 구성하세요

한국에서는 구조조정 이후에 퇴사한 직원을 대상으로 전직 서비스 혹은 영어 그대로 아웃플레이스먼트 서비스outplacement service를 제공하고 있습니다. 사회가 급변함에 따라 평생직장보다 평생 업이 보다 중요해지므로 저는 전직 서비스보다는 경력 전환 서비스라는 용어를 좋아합니다.

회사는 왜 구조조정 이후에 경력 전환 서비스를 가져갈까요? 회사는 직원이 퇴사를 하게 되면 회사와의 계약관계가 종료되기 때문에 직원을 위해 이 서비스를 제공할 의무는 없습니다. 그러나 회사는 직원들이 회사를 위해 기여를 하였기 때문에 퇴사를 하더라도 그들이 더 나은 생활을 하도록 돕기 위한 회사의 숨은 배려입니다. 그렇다면 회사는 경력 전환 서비스에서 어떤 세심한 배려가 필요할까요?

회사생활을 하다 보면 자신의 경력을 잘 관리하는 직원이 있으나, 대부분은 업무적으로 바쁘기 때문에 이를 준비하지 못하는 경우가 허다합니다. 회사는 우선적으로 직원들이 경력을 전환하는 데 무엇이 필요한지를 알아야 합니다.

이전에 퇴사 예정자들에게 이 부분에 대해서 직접 묻거나 조사한 적이 있었습니다. 놀랍게도 그들은 이력서 쓰기와 자기소개서에 대해서 무척 난감해했습니다. 연차가 높은 사람일수록, 이직의 횟수가 적은 사람일수록 이 부분을 어렵게 느꼈습니다.

사실 이력서와 자기소개서는 본인만이 정리할 수 있습니다. 누군가 자신의 삶을 대신 살 수는 없습니다. 각자의 경력들이 다르고, 해당 업에 대한 이해도와 깊이도 다릅니다. 이력서와 자기소개서는 상대방에게 나의 경력을 알리는 것이므로 보다 객관적이고 이해가 쉽도록 적는 것이 필요합니다. 일차적으로 개인이 적은 이력서와 자기소개서는 경력 전환 서비스의 한 부분으로 지원을 시작합니다.

개인별 맞춤형으로 설계하되 프라이빗하게

퇴직 예정자분들은 본인의 이야기를 제3자에게 말하는 것을 대체로 싫어합니다. 물론 일부는 자신의 이야기를 말하는 것을 좋아하기도 합니다. 따라서 조용한 공간에서 이분들께 일대일 코칭을 통해서 도움을 드려야 합니다.

집단 교육을 통해서 획일화된 방식으로 이력서와 자기소개서 작성을 준비한다면, 실패할 확률이 높습니다. 어떤 서비스를 담아야 하는지를 설계할 때 유의할 점입니다.

퇴직 이후에 이직을 준비하시는 분도 있으나 창업을 생각하는 분들도 계십니다. 과거보다는 창업을 쉽게 할 수 있고 정부에서 보조하는 것들도 많아서 한 번쯤은 고민을 하시는 것 같습니다.

창업에 대한 분야는 다양합니다. 서비스를 구성할 때 만약 내가 창업을 할 때 무엇을 준비해야 하는지에 대해서 구체적인 커리큘럼이 있어야 합니다. 어디서나 쉽게 찾아볼 수 있는 창업에 대한 개념이나 일반적인 얘기들은 별 도움이 안 됩니다. 창업에서 성공 사례와 실패 사례를 통해서 현장에 대한 이해도를 높여야 합니다.

이외에 직원이 어느 것도 결정한 것이 없다면, 다양한 옵션을 고민하도록 가이드하는 프로그램을 포함합니다.

이와 같이 획일화된 서비스가 아닌 개인에 최적화된 맞춤형 서비스를 제공하여 큰 만족도를 이끌어 냈습니다.

재원이 많이 투자되었다고 결과가 좋은 것은 아닙니다

전직 서비스 혹은 경력 전환 서비스는 서비스의 유형 혹은 개수에 따라서 비용이 달라지게 됩니다.

이전에 글로벌 차원에서 글로벌 경력 전환 서비스 업체를 정해서 내려온 적이 있었습니다. 보통은 글로벌 업체의 경우에는 개인당 지원하는 표준 단가가 달러로 정해져 있어 표준 서비스가 제공됩니다. 물론 옵션이 있어서 추가 옵션을 선택하면 서비스 금액이 올라가는 구조입니다. 업체에서 준비한 표준 서비스 내용을 살펴보면, 각 나라에 꼭 필요한 것들도 있으나 그렇지 않은 경우도 있습니다.

사실상 개인들에게 제공되는 전직 서비스 금액은 결코 적지 않습니다. 하지만 회사는 이를 소리 높여서 말을 하지는 않습니다. 회사의 숨은 배려이니까요. 글로벌 차원에서 계약을 하나, 나라별 상황이나 차이를 고려하여 서비스 내용은 보다 유연하게 가져갈 수 있습니다. 한번은 표준 서비스 내용에 온디맨드 서비스가 포함되어 있었습니다.

외관상으로는 내가 필요할 때 서비스를 제공받는 것은 좋습니다. 하지만 무슨 서비스인가를 살펴보면 애기가 달라집니다. 자영업을 선택할 경우에 입지 선정에 관한 세미나를 접속하도록 한 것입니다. 내가 원하는 최적의 로케이션을 파악하기 위해서는 세미나에 접속하기보다는 현장을 직접 방문하여 파악하는 것이 더 필요합니다. 따라서 서비스 내용에 일부는 로케이션에 대한 이론 교육을 포함하고 일부는 현장을 방문하는 것으로 변경했습니다.

직원 입장에서는 모든 서비스가 포함되면 좋겠으나 비용도 함께 고려되어야 합니다. 회사가 감내할 수 있는 재원 내에서 잘 설계된다면 퇴사하는 직원들은 우리의 로얄 고객으로 남게 됩니다.

구조조정

실제로 퇴사한 분들 중에서 자영업으로 본인의 경력을 바꾼 분이 계셨습니다. 이분은 아이스크림 가게를 오픈했습니다. 회사가 체계적으로 준비해 준 경력 전환 서비스 덕택에 퇴사 이후의 삶에 대해서 체계적으로 준비하여 가게를 오픈하였다고 고마움을 전달하였습니다.

이렇듯 회사가 많은 고민을 하고 준비하면 할수록 전직 서비스의 만족도는 높아지게 됩니다. 하지만 전직 서비스를 지닌 기업이 모두가 좋은 결과를 가져오지는 않습니다.

구조조정을 하는 타 기업이 전직 서비스가 있으니 우리 기업도 한다는 식으로 제도가 설계된다면 큰 재원을 투입하고도 원하는 성과를 얻을 수 없습니다. 수혜를 받는 이들이 과연 무엇을 원하는지에 대한 고민이 생략되었기 때문입니다.

나라별로 경력지원 서비스 시점이 다릅니다

글로벌 기업의 경우에는 전 세계적으로 구조조정이 비슷한 시기에 발생하게 됩니다. 특히 회사전체 실적이 무척 저조할 경우에는 인력의 몇 퍼센트를 줄이겠다는 발표를 내부와 외부 매체에 전달하게 됩니다. 인력의 몇 퍼센트 줄이는 것은 모든 나라에 동일하게 적용하지는 않습니다. 나라별로 실적이 다르고, 비지니스별로 실적이 또한 다르기 때문입니다. 실적이 저조한 나라는 보다 높은 감원율이 적용되며, 실적이 좋은 나라는 낮은 감원율을 갖게 됩니다.

전 세계에 있는 나라를 지역본부별로 나누어보면 경력 전환 서비스를 제공하는 시점이 다르게 됩니다. 예로, 북아시아, 남아시아, 오세아니아를 포함한 아시아태평양본부에 속하는 호주, 방글라데시, 중국, 인도, 일본, 말레이시아, 파키스탄, 필리핀, 싱가포르, 인도네시아, 뉴질랜드, 태국 등은 구조조정에 해당될 경우에 직원에게 통보하게 됩니다.

라틴아메리카와 미국을 포함한 남미북미지역본부에 속하는 북미, 남미, 캐나다, 코스타리카, 도미나카, 멕시코와 푸에토리코나라들도 구조조정에서 해당자에게 통보를 합니다

유럽본부의 경우 오스트리아, 벨기에, 불가리아, 크제크공화국, 덴마크, 이집트, 핀란드, 프랑스, 독일, 헝가리, 아일랜드, 이태리, 리투아니아, 룩셈부르크, 네덜란드, 나이지리아, 노르웨이, 폴란드, 포르투갈, 러시아, 슬로바키아, 슬로베니아, 스웨덴, 스위스, 영국은 별도의 통지 절차가 없습니다.

경력 전환 서비스를 시작하는 시점은 통지 절차가 있는 경우에는 보통은 통보하는 주에 발생이 됩니다. 유럽의 경우에는 통지 절차가 없어서 직원이 인력 감축 서류에 사인을 한 이후부터 서비스가 시작이 됩니다.

미국의 경우, 보통은 전직 서비스 데이터를 가지고, 이때 직원들이 참여하여 필요한 정보를 얻게 됩니다.

재배치에도 서비스를 활용할 수 있습니다

인력 감축의 대상자를 통보하는 절차가 있는 나라는 대상자에게 통보하는 시점부터 경력 전환 서비스가 시작됩니다.

크게 두 가지로 구분됩니다. 하나는 직원이 내부에서 포지션을 찾을 때 즉, 재배치를 할 때 직원이 무엇이 필요한지를 파악하고 서비스를 제공하는 것입니다. 다른 하나는 직원이 외부에서 포지션을 찾거나, 다른 경력을 갖고자 할 때 필요한 서비스를 제공하는 것입니다.

처음에는 회사 내부에 전담팀을 구성하고 내부 포지션에 대해서 대상자에게 이력서 작성과 인터뷰 스킬에 대한 교육을 실시했습니다. 그러나 내가 대상자라는 부담으로 인해서 극소수의 인원만이 참여했습니다. 회사가 덜 배려를 한 것이지요.

그래서 집단보다는 개별로 진행하기로 결정했습니다. 통보 대상자 혹은 퇴사 예정자들은 회사와 직접적으로 마주하길 꺼려하는 관계로 회사가 전면에 나서기보다는 전직 서비스 업체가 전면에 나서서 지원하는 형태로 변경했습니다.

외부 업체에 전적으로 맡겨서는 안 됩니다

회사가 외부 업체를 활용할 경우에 그들이 가진 노하우가 있으며, 회사는 회사 나름의 노하우를 가지고 있습니다. 가장 바람직한 형태는 각각의 노하우들이 잘 결합되는 것입니다.

처음에 외부 업체를 쓸 때 시행착오가 많았습니다. 이들 업체에서 사용하는 교육 콘텐츠를 사용한 것입니다. 하지만 회사마다 나름의 문화가 있기 때문에 때로는 이 내용들이 적합하지 않는 경우가 있습니다.

이 업체에서는 이력서 작성과 모의 인터뷰에 대해 개별적으로 실시했으나 서비스를 받은 대상자들은 많은 불만을 표시했습니다. 너무 일반적인 내용이라 도움이 안 된다는 것이었죠.

무엇이 문제인지를 살펴보았습니다. 먼저 대상자에 대해서 문답식으로 질문하여 이력서 한 줄 한 줄을 적도록 했습니다. 문답식으로는 개인을 이해하는 데 한계가 있었습니다. 또한 이력서를 검토한 이후에 일대일 모의 인터뷰를 하는 시간을 가졌습니다. 이 세션을 통해서 인터뷰에 대한 두려움을 줄일 수는 있으나, 어떤 점을 강조할지에 대한 준비는 여전히 부족했습니다. 따라서 이러한 점을 개선하기 위해서 일을 단계별로 표준화하고, 각 단계별로 업체와의 밀접한 협업과 피드백 체계를 가져갔습니다.

먼저 회사의 조직문화에 적합한 전직 서비스 업체의 전담 컨설턴트를 정하고 보다 체계적인 지원을 마련했습니다. 지원 내용의 경우에 프로세스를 구체화하고 표준화했습니다. 이력서의 경우 예를 들어보겠습니다.

첫 번째 단계는 대상자를 이해하는 것입니다. 직원이 그동안 이룬 업무 실적, 그들이 생각하는 일의 가치, 향후 경력 방향성 등을 일대일 면담을 통해서 그들을 알아가는 시간을 갖는 것입니다. 이 과정에서는 오픈형 질문을 통해서 보다 깊이 있는 대화를 하는 것이 핵심입니다. 그들이 지닌 스킬, 전문성, 관심사를 파악한 후, 그들의 역할이 공지된 포지션에 적합한지를 객관적으로 피드백합니다. 이러한 과정을 거침으로써 이력서의 기본 틀이 나오고, 향후 경력에서 무엇을 할지를 본인 스스로 결정하고 준비할 수 있습니다.

두 번째 단계는 일대일 면담을 통해서 나온 데이터를 중심으로 자신이 업무 실적을 정리하는 것입니다. 공지된 내부 포지션에 지금까지의 자신의 업적이 맞지 않을 수도 있습니다. 하지만 어떤 식으로 보완하면서 일할 수 있는지를 잘 정리한다면 이 또한 채용 매니저에게는 어필 포인트가 됩니다. 이 부분들은 전직 서비스 담당자가 조언하기는 어려운 부분이라 내부에서 조직 특성, 업무 특성들에 대해서 전직 서비스 담당자에게 피드백을 전달합니다.

세 번째 단계는 좋은 이력서를 참고하는 것입니다. 업체에서 준비한 잘된 이력서 샘플뿐만 아니라 내부에서도 직군별 이력서 샘플은 대상자들이 자신의 이력서를 적는 데 큰 도움이 됩니다.

네 번째 단계는 작성된 이력서를 바탕으로 모의 인터뷰를 실시하는 것입니다. 그들 자신이 어떻게 보이는지, 공지된 포지션에서 내가 최고의 후보자인지 증명하는 부분입니다.

공지된 포지션에 대해서 누가 채용 매니저이며, 특히 해당 업무에서 필요로 하는 요건이 무엇인지를 정확히 파악해야 합니다. 이 또한 전직 서비스 담당자가 알기는 어려운 부분입니다. 내부에서 전직 담당자에게 구체적인 스킬셋을 알려줘야 합니다. 꼭 가져야 할 부분must to have과 가지면 좋은 부분nice to have을 구분해서 전달합니다.

내부 포지션으로 중소기업을 대상으로 한 영업랩(직원)을 구인한 적이 있었습니다. 물류센터에서 일한 직원이 구조조정 대상이었으나 영업랩에 지원해서 최종적으로 합격했습니다. 업무적으로 완전히 다른 부분인데 어떻게 합격했을까요? 사실 채용 매니저는 영업에서 잔뼈가 굵은 사람이었습니다. 사람을 뽑을 때는 영업에서의 경험보다는 근성을 더욱더 중요시하는 분이었습니다. 어떤 딜이 있을 때 포기하지 않고 끝까지 고객 관리를 해서 딜을 따내는 것을 중요시 여겼습니다.

지원한 대상자는 물류센터에서 어려운 상황들이 있어도 이를 잘 헤쳐내서 고객과 약속한 기일에 제품을 전달하였습니다. 외국에서 수입한 제품들이 통관을 거칠 때 우리가 예상하지 못한 사건들이 발생하곤 합니다. 대상자는 힘든 상황에서도 끝까지 고객 관리를 한 이야기를 잘 전달하였고, 채용 매니저는 대상자의 근성을 높이 평가했습니다.

계약의 서비스 수준을 명확히 명시

구조조정에 따라서 전직 서비스를 실시할 경우에 외부 업체에 위탁하는 기업이 많습니다. 수많은 업체들 중에서 회사에 맞는 업체를 결정하는 것은 쉬운 것이 아닙니다. 글로벌 기업의 경우, 글로벌 수준에서 결정해서 글로벌 업체가 들어오는 경우가 많으나, 만약 나라별로 자체적인 구조조정이 요구되는 경우에는 나라에 업체를 결정할 권한이 주어지기도 합니다.

보통은 구매를 중심으로 이해관계자들이 평가단으로 구성이 됩니다. 평가는 정성적인 측면보다는 정량적인 측면이 보다 비중이 높습니다. 정량적인 측면에서 비용이 가장 중요한 요소가 됩니다. 따라서 똑같은 조건을 갖추고 있더라도 적은 금액을 제출한 곳과 계약이 체결되기 쉽습니다.

비용이 높다고 해서 좋은 서비스를 제공하거나, 비용이 낮다고 해서 좋지 않은 서비스를 제공하는 것은 아닙니다. 전직 서비스의 핵심 목표는 퇴사 예정자들이 퇴사 이후에 그들이 원하는 경력을 갖는 데 도움을 주는 것입니다. 어떤 이는 재취업을 원하고, 어떤 이는 창업을 원하고, 어떤 이는 프리랜서를 원하고, 어떤 이는 휴식을 갖기를 원합니다. 하지만 상당수는 재취업을 선호합니다. 따라서 업체에서는 헤드헌터의 부서가 있는지, 만약 없다면 어느 써치펌과 협약이 되어 있는지를 면밀히 확인해야 합니다.

타 회사와의 업무 실적도 레퍼런스해야 합니다. 재취업률이 얼마나 되는지, 어느 회사에 몇 명을 보냈는지, 재취업에 성공하는 데 얼마의 시간이 걸렸는지도 분석된 자료를 확인해야 합니다.

계약하는 시점에서 서비스 수준을 명확히 해야 합니다. 퇴직 예정자에게 제시할 서비스 수준 이외에 회사에 제공하는 서비스 수준도 제시했는지를 확인해야 합니다. 원하는 대상자 전원이 취업에 성공하면 좋겠으나, 업계 평균보다 상회하기 위해서 업체가 어떤 노력을 기울이는지를 살펴봐야 합니다.

구조조정 이후에는 업체는 사후보고서를 회사에 제출합니다. 보고서를 받는 것이 중요한 것이 아니라 보고서의 질이 중요합니다. 원래 계획된 대상자에게 모든 서비스가 제공되었는지, 안 되었다면 그 이유는 무엇인지, 어떻게 서비스 참여를 독려했는지, 재취업에 실패한 경우에 헤드헌터가 어떤 계획을 가지고 있는지, 업체에서는 퇴사자 한 명 한 명에 대한 커스터마이즈된 지원 솔루션이 무엇인지를 보고서에 기술해야 합니다.

회사 입장에서도 구조조정이 끝난 이후에 업체에 대한 사후 점검follow-up을 가져가야 합니다. 차후에 업체를 선정하는 데 있어서도 하나의 중요한 평가 척도가 되어야 합니다.

구조조정

27

재입사도
열어두나요?

재입사를 찬성하는 입장, 반대하는 입장

구조조정 시에는 내부 전문가로 구성된 프로젝트팀이 있어서 구조조정에서 발생하는 많은 이슈들을 검토하고, 제안하는 역할을 합니다. 프로젝트팀 내부에서 논쟁이 된 것 중 하나가 희망퇴직에 따라 퇴사한 직원이 추후에 재입사가 가능한가였습니다.

일반퇴사의 경우에는 재입사가 종종 이루어집니다. 원천적으로 재입사를 금지하는 회사도 있기는 하지만요.

제가 몸담았던 IT 회사는 중요한 정보통신 스킬셋Critical Information Technology Skillsets을 지닌 엔지니어가 필요하기 때문에 재입사를 장려하는 분위기였습니다.

일반퇴사 이후의 재입사와 희망퇴직 이후의 재입사는 차이가 있습니다. 일반퇴사는 본인이 개인의 이유로 퇴사를 결정하고 떠나게 됩니다. 그러나 희망퇴직은 개인의 이유도 있지만 회사의 이유도 있어서 떠나게 됩니다. 따라서 순수하게 본인의 의지만이 있다고 말하기 힘듭니다.

보상 측면에서도 일반퇴직은 법에서 정한 퇴직금이 주어지나, 희망퇴직은 법정퇴직금 이외에 추가적인 보너스가 주어집니다. 이와 같은 이유로 희망퇴직에 따른 재입사에 관해서 찬반 의견이 갈립니다.

프로젝트팀에서도 희망퇴직에 따른 재입사에 대해서도 의견이 분분했습니다. 회사 측면에서는 비즈니스에 필요한 인재를 채용한다는 입장이 보다 큰 힘을 받습니다. 퇴사한 이들은 희망퇴직한 이후에 다른 회사에서 연봉을 더 올려서 있다가 다시 이전 회사로 돌아올 경우에 연봉의 차이가 크게 됩니다. 직원 입장에서는 편하지가 않습니다.

직원들끼리는 자조 섞인 말들을 하곤 했습니다. '회사를 나가야 나의 연봉이 올라가겠네.' '회사를 나갈 때도 크게 한몫 챙기더니, 회사로 돌아올 때도 연봉을 높여서 오네, 역시 운이 좋은 친구야'.

외부에서 간단해 보여도 실상은 간단하지 않습니다

프로젝트팀에서 논의 결과 희망퇴직에 따른 재입사는 허용하기로 했습니다. 일반퇴사와 달리, 희망퇴직의 경우에는 재입사를 독려하지는 않지만 회사가 필요한 기술을 지닌 인재가 있을 경우에는 재입사자라도 하더라도 채용하겠다는 입장으로 정리를 한 것입니다.

그러나 단서가 있습니다. 퇴사 이후에 일정 기간은 입사를 금지하기로 했습니다. 재입사 금지 기간을 두고도 많은 논쟁이 있었습니다. 전체적인 조율을 통해서 6개월을 기본으로 하되, 상황을 살펴보면서 기간을 늘리거나 단축하는 여지를 남겼습니다. 금지 기간 이후에는 선별적으로 공식적인 승인을 득한 이후에 채용한다는 원칙을 세웠습니다.

직원들의 정서를 고려하여 공식적인 승인을 보다 까다롭게 거치도록 만들었습니다. 회사 내에서 생기는 제도나 원칙은 제3자 입장에서는 간단해 보여도 수많은 논쟁을 통해서 결정됩니다. 직원들은 재입사를 간단하게 보았겠으나, 이 안에도 많은 고민이 숨겨져 있습니다.

재입사 승인 절차를 철저하게 지키지 않으면
내부 잡음이 큽니다

희망퇴직 이후에 재입사되기 위해서는 특별 승인을 거치도록 했습니다. 하지만 특별 승인조차도 안 되는 예외 경우도 있습니다. 윤리 강령에 어긋난 경우들입니다. 비행을 저지르거나, 사내 폭력의 전적이 있거나, 성희롱의 기록이 있거나 부적절한 태도로 징계를 받은 이력이 있을 경우에는 예외적으로 재입사가 불가합니다.

내부적으로 재입사가 핫한 이슈이다 보니, 관련 이해관계자들이 참여해서 검토하고 승인하는 거버넌스를 갖추었습니다. 그렇다면 이 해관계자들은 누구이며, 구체적으로 어떤 거버넌스일까요?

재입사 금지 기간이 지난 퇴사자의 경우 회사에 포스팅된 포지션에 지원한 적이 있었습니다. 채용 매니저는 퇴사자가 적합한 스펙을 가지고 있다고 판단되면 승인을 위해서 아래의 내용을 준비합니다.

- 먼저 해당 포지션에서 요구되는 중요 역량을 적습니다.
- 퇴사자를 포함하여 지원한 후보자들이 이 포지션에서 요구되는 역량을 갖추었는지를 기술합니다.
- 퇴사자의 중요 역량을 적습니다.
- 지원한 다른 후보자와 관련하여 퇴사자가 가장 경쟁적인 역량을 보유하고 있는지 어떻게 평가했는지를 적습니다.
- 왜 퇴사자가 채용되어야 하는지 비즈니스 정당성을 기술합니다.

대부분의 일반 채용은 채용 매니저와 해당 소속 상위 매니저 선에서 검토하고 승인하면 마무리됩니다. 하지만 재입사의 경우에는 채용 매니저가 소속된 상위 비즈니스 매니저뿐만 아니라 비즈니스 그룹장까지 승인을 득하도록 했습니다.

또한 인사에서 채용에 깊숙이 관여하여, 해당 나라의 인사임원뿐만 아니라, 아시아지역본부와 미국의 본사 인사임원까지 승인을 해야 최종적으로 재입사 채용을 할 수 있도록 엄격한 승인 절차를 구축했습니다.

퇴직자의 재입사는 그들이 외부에서 쌓은 좋은 경험들을 회사에 복귀해서 최대한 전문성을 잘 발휘하도록 기회를 제공해야 합니다. 회사는 퇴사자들이 재입사할 때 내부적으로 적극적인 소통을 하여 소문이나 잡음을 최소화해야 합니다. 오픈된 포지션에 퇴사자를 포함하여 여러 외부 후보자들이 지원하였고, 퇴사자는 외부 후보자들과 비교하여 어떤 전문성이 차별화되었는지를 알 필요가 있습니다.

　회사는 퇴사자의 어떤 역량과 경험 때문에 퇴사자를 선택했는지를 공개했습니다. 또한 재입사 승인 절차에 따라서 상당수의 이해관계자들이 참여하고, 지역뿐만 아니라 본사까지 검토를 거쳐서 승인함에 따라 절차적으로 투명하게 진행했음을 설명하였습니다. 설사 후보자가 퇴사자라도 절차적으로 공정성이 담보된다면 내부 잡음은 자연히 줄여들게 됩니다.

28

떠나는 자들과
잘 이별하나요?

구조조정으로 인해 누군가가 퇴사를 결정하면, 회사 내부적으로 명단이 빠르게 퍼지게 됩니다. 퇴사를 결정한 직원이나, 퇴사를 바라보는 직원 모두가 힘들기 마련입니다. 서로가 만나면 어떤 표정으로, 어떤 이야기를 해야 하는지 막막하고, 서로 마주치는 것을 피하는 직원도 생기게 됩니다.

친구를 만나거나, 연애를 하거나 비즈니스 관계에서 사람과 만나고 헤어질 때, 끝을 잘 마무리해야 한다고 조언하는 이들이 많습니다. 조직도 크게 다르지 않습니다. 퇴사하는 직원들과 잘 헤어질 수 있을까요? 팁이 있다면 무엇일까요?

조직에서 오랫동안 관찰하고 경험한 내용을 바탕으로 11가지 팁을 정리했습니다. 기본적인 것일 수 있으나 조직 현장에서 잘 지켜지지 않고 있는 것도 현실입니다.

팁1: 퇴사 확정 이후부터 퇴사 전까지
표준 서비스를 스케줄하세요

직원이 퇴사를 결정하고 실질적으로 퇴사하기까지는 일정한 시간이 걸립니다. 그 기간 동안 조직은 퇴사 예정자들을 방치하는 경우가 많습니다. 회사는 일정한 스케줄을 가지고 이들에게 제공할 사항들을 안내하는 것이 필요합니다.

제공할 서비스들은 퇴사 이전과 퇴사 이후로 나누고 개인이 해야 할 일들을 리스트하여 해당자와 협의해서 개인별 서비스를 확정합니다. 예를 들어, 퇴사 이전에는 구직 지원, 구성원들과의 인사, 퇴사 진행을 위한 행정적인 처리 서비스를 포함하고, 퇴사 이후에는 건강관리, 교육 지원, 개인적인 상담 서비스 등을 포함합니다.

팁2: 일대일 서비스를 하세요

구조조정에 따라서 희망퇴직을 신청하고 확정된 퇴직 예정자들은 사내의 집단적인 활동을 꺼려하는 경향이 있습니다. 퇴사 이전에 전달할 사항을 위해서 그룹으로 진행할 경우에는 참여한 구성원들은 각자 서먹서먹한 분위기를 연출합니다. 따라서 그룹으로 접근하기보다는 일대일로 지원하는 시스템을 갖추어야 합니다.

예로 개인화된 플랫폼을 통해서 필요한 서비스를 제공하는 것입니다. 퇴사를 위해서 개인이 해야 할 일들을 플랫폼상에서 체크박스를 통해서 전달하고, 체크가 안 된 것은 회사 대 개인 채팅을 통해서 모니터링을 하는 것입니다.

이전에 몸담았던 글로벌 기업은 전 세계적으로 희망퇴직 대상자를 위한 포털이라는 플랫폼을 가지고 있었고, 대상자에게 포털을 사용할 권한을 승인하여 개인들이 자신의 정보를 관리함으로써 일대일 서비스에 집중하여 대상자들로부터 긍정적인 피드백을 받았습니다.

팁3: 소통 이후에 업무관련 시스템 차단하세요

희망퇴직에 따라 퇴사 예정자가 확정이 되면, 업무적으로 인수인계를 하게 됩니다. 인수인계가 마무리된 이후에는 퇴사 예정자가 업무적으로 접근할 필요가 없기 때문에 업무 관련 시스템 권한은 차단되는 것이 일반적입니다. 시스템 권한이 차단될 경우에는 사전에 본인에게 시스템을 더 이상 접속할 수 없음을 알린 이후에 시스템 권한을 삭제해야 합니다.

그러나 이전에 담당자가 실수를 한 적이 있었습니다. 퇴직 예정자에게 이 사실을 알리지 않고 바로 시스템 접속을 차단한 것입니다. 담당자 입장에서는 사소한 일이라 치부할 수 있으나, 퇴사 예정자 입장에서는 감정이 상하게 됩니다. 이렇게 되면 일이 꼬이게 됩니다. 구조조정 기간에는 퇴사 예정자를 위해서 사소한 부분까지 신경 쓰는

구조조정

배려가 필요한 시점입니다.

팁4: 필요한 소통 채널은 열어두세요

업무적으로 중요한 시스템 접속은 중지되나, 퇴사일 전까지 퇴사 예정자는 여전히 회사의 직원입니다. 따라서 일반적인 사항들은 퇴사일까지 유지가 됩니다.

예를 들어 회사의 포털 혹은 플랫폼 접속, 메신저communicator의 활용, 화상회의 콜이나 버츄얼회의 연결, 퇴직 정산을 위한 일부 재무툴의 접속을 허용하는 것이 좋습니다. 업무 인수인계를 하더라도 내부적으로 소통이 필요한 경우가 생기게 됩니다. 또한 직원 간에 회의가 필요할 경우에도 소통툴은 도움이 됩니다.

팁5: 감사 자리를 마련하세요

퇴사 예정자들은 회사를 떠나기로 결정했으나, 이들은 회사를 위해서 열심히 일했고, 이들이 회사에 기여한 부분에 대해서 진심으로 감사한 마음을 전하는 것이 중요합니다. 특히 퇴사 예정자가 소속된 팀뿐만 아니라 내부의 이해관계자들과의 감사 자리를 마련하고 기여한 것을 치하합니다.

외국에 있거나 원거리에 있어서 직접 만날 수 없는 경우에는 화상 모임을 통해서 감사의 뜻을 전하는 것이 필요합니다.

이전 직장에서 대만에 있는 저의 동료가 희망퇴직으로 퇴사를 한 적이 있었습니다. 호주에 있는 저의 외국 매니저는 제 동료를 위해서 화상회의를 통해 환송식을 해준 적이 있었습니다. 해외에 있는 외국 동료 한 명 한 명이 제 친구에게 진심 어린 격려를 해준 것이 아직도 기억에 남습니다. 함께 모이는 자리가 있으면 좋겠으나 여건이 여의치 않을 경우에는 온라인으로라도 함께 감사하는 시간을 갖는다면 퇴사자에게는 잊지 못할 순간이 될 것입니다.

팁6: 무언가 남기면 좋습니다

퇴사하는 동료, 후배, 선배를 위해서 감사를 전하는 방식으로 무언가를 남길 수 있으면 좋습니다. 팀원으로서 함께 한 즐거웠던 순간들, 동료들의 메시지 등이 담긴 동영상, 디지털 앨범, 혹은 아날로그 앨범도 좋습니다. 상패를 만들거나 상장을 전달하는 것은 호불호가 있으나, 여전히 아날로그 방식을 좋아하는 사람도 있습니다.

저의 경우에는 저와 함께 국내와 해외의 동료들이 자신의 얼굴과 짧은 글을 적어서 하나의 사진으로 만들어서 준 적이 있었습니다. 이 사진은 저에게는 귀한 선물이었습니다. 여러분들도 퇴사하는 동료, 친구, 선배에게 아날로그식으로 무언가를 준비하면 깜짝 선물이 될

것입니다

팁7: 마지막 날에 서로 인사하세요

회사를 다니다가 막상 회사를 떠나는 마지막 날이 다가오면 한편으로 시원하기도 하고, 다른 한편으로는 섭섭하기도 합니다. 개인차가 있겠으나 아쉬움이 큰 것이 현실입니다.

퇴사를 결정하는 과정에서 어떤 이는 조직과 관리자 혹은 동료들에 대해서 서운함이 있을 수 있습니다. 그러나 최종적으로 퇴사가 확정되었다면, 과거나 현재보다는 나의 미래를 바라보는 것이 필요합니다. 누구나 겪어야 할 부분이고 단지 내가 다른 이보다 조금 빨랐을 뿐입니다.

조직에서 몸담았던 시간 동안에 나에게 큰 도움을 준 이들이 많습니다. 때로는 경쟁자로서, 때로는 멘토로서, 때로는 상사로서, 때로는 부하직원으로서, 때로는 업무적인 지원을 준분들입니다.

조직 생활은 협업 체계로 이루어져 있기 때문에 사실상 누구 하나 중요하지 않은 이가 없습니다. 특히 마지막 근무일에는 이분들을 한분 한 분 직접 뵙고 감사의 인사를 전하시길 바랍니다. 이는 그동안 함께 일했던 이들에게 감사함을 전달하는 기본적인 배려입니다.

팁8: 자그마한 쿠폰이 놀라운 감동이 됩니다

희망퇴직으로 퇴사가 결정된 이들은 조직 내에 소문이 순식간에 퍼져 회사 내 지인들이 식사나 차를 마시자는 연락이 계속 옵니다. 퇴사하는 이들의 경우 만나는 일정이 꽉 차서 이들과 미리 약속하지 않으면 만날 수 없는 웃지 못할 상황도 발생합니다. 현실적으로 식사 값과 차값으로 만만찮은 비용을 지불하게 됩니다. 회사의 친한 동료들과 식사나 티타임을 자유롭게 갖도록 시간과 약간의 금전적인 쿠폰 지원을 제공하는 것도 좋습니다.

이전에 부서 단위로 몇 장의 식사 티켓을 퇴사자에게 전달한 적이 있었습니다. 부서 내의 동료들과 부담 없이 식사나 차를 마실 수 있도록요. 생각했던 것보다 폭발적인 인기를 얻었습니다. 금전적으로는 무척 작은 것이나 퇴사자들에게는 놀라운 감동이 되었습니다.

회사는 퇴사 전에 그들이 필요한 것이 무엇인지를, 작으나마 배려를 하고 있는지 살펴봐야 합니다.

팁9: 재무적인 조언을 병행하세요

희망퇴직을 함에 따라 해당 직원들은 그동안 회사에서 제공받았던 것들이 한순간에 사라지는 것에 대해 큰 불안을 느낍니다. 따라서 퇴사 이후에 받게 될 법적으로 정해진 퇴직금과 희망퇴직에 따른 위로금을 제일 먼저 계산합니다.

세금을 낸 이후에 최종적으로 본인이 얼마를 받게 되는지도 궁금해합니다. 따라서 프라이빗하게 개인이 얼마를 받는지에 대해서 세무적인 지원을 하는 것이 필요합니다.

개인적으로 급한 일이 생겨서 퇴직금을 사용해야 하는 이도 있으나, 상당수는 퇴직금을 재테크하여 안정적인 노후를 대비하기를 원합니다. 따라서 재무적인 조언을 병행한다면 퇴직자들에게 큰 도움이 될 수 있습니다.

팁10: 심리 상담으로 스트레스를 관리하세요

정해진 시간에 회사를 출근하고 퇴근하던 형태를 벗어나 퇴사 이후에 많은 시간이 주어질 때 이를 어떻게 관리할지 고민하게 됩니다. 회사를 다닐 때는 시간이 너무 빠르게 지나갔는데, 집에 있으니 시간이 너무나 길게 느껴진다는 퇴사자분들의 이야기가 공감이 되었습니다.

어떤 분은 밤에 잠을 깊이 잘 수가 없고, 중간에 자주 깨기 때문에 피로감이 많아지고 스트레스를 받는다는 의견을 주셨습니다. 다른 분은 사람들을 만나기 싫고 나의 미래에 대한 불안이 점점 커진다는 말씀을 하셨습니다. 조금이나마 도움이 되도록 퇴사 이후에 일정 기간 개인 심리상담을 제공함으로써 전문가의 도움을 받을 수 있도록 하면 좋습니다.

물론 이러한 서비스는 회사에서 지원하기 때문에 금전적인 부담이 될 수 있습니다. 따라서 내부적인 검토 이후에 중요도와 긴급도 측면에서 실시 여부를 결정하길 권고합니다.

팁11: 생활밀착형 안내가 필요합니다

일정한 규모의 회사의 경우에 필수적으로 가입해야 하는 것이 건강보험, 고용보험, 국민연금, 산재입니다. 그중에서 퇴사를 하게 되면 가장 먼저 접하게 되는 것이 건강보험입니다. 만약 재취업이 바로 될 경우에는 문제가 없으나, 그렇지 않을 경우에는 지역에 가입해야 하기 때문입니다.

이전에는 회사에서 모든 것을 해주었기 때문에 몰라도 될 사항들이었으나, 퇴사 이후부터는 내가 알고 직접 처리해야 할 부분들입니다. 고용보험의 실업급여도 마찬가지입니다.

국민연금의 경우에도 개인이 처한 상황에 맞게 본인이 결정할 사항들입니다. 이전에 4대보험을 맡았던 급여 담당자가 교체되면서 희망퇴직 안내에서 이 부분이 빠진 적이 있었습니다. 퇴사 이후에 퇴사자들은 급여 담당자에게 연락을 했고 그 담당자는 본인이 알아서 할 사항이라는 답변만을 반복했습니다. 퇴사자 입장에서는 이제는 더 이상 회사 직원이 아니라고 신경을 쓰지 않는다며 감정적으로 대처하였고 결국에는 회사에 부메랑이 되어서 문제가 커진 적이 있었습니다.

급여 담당자 입장에서는 자신은 이러한 사항이 별것 아니라고 생각했고, 각자 필요한 것을 해당기관에 문의하면 된다는 생각이었습니다. 급여 담당자의 생각이 틀린 것은 아닙니다. 하지만 퇴사자가 퇴사 이후에 무엇이 필요하고, 궁금해할 부분에 대해서 해당 담당자가 가장 정확히 알고 있습니다.

상대방으로부터 질문을 받기에 앞서 질문을 예상하고 이에 대한 답을 사전에 준비하고 안내한다면 퇴사자들은 자신들이 존중받는다고 느끼게 됩니다. 서로 간에 불필요한 감정 소모가 없게 됩니다.

이렇듯 퇴사자가 퇴사 이후에 꼭 알아야 할 사항들을 자세하게 안내하여 이들이 조금이나마 불편을 느끼지 않도록 배려해야 합니다.

29

구조조정 시 인사는
어떤 역량이 필요할까요?

나의 픽(pick)은?

회사는 구조조정에 따른 인력 감축을 실시하기 위해 대상자들이 무엇을 원하는지에 대해서 많은 준비를 합니다. 반면에 이들 대상자들이 구조조정을 어떻게 느끼는지 특히 부정적인 감정 등 그들의 경험에 집중하는 것에는 약합니다. 대상자들과의 문제들이 발생하는 것 중 하나는 구조조정 담당자의 역량이 자리 잡고 있습니다.

구조조정을 단순히 행정상의 절차로만 여기고 경험을 중시하지 않는 담당자를 투입하게 된다면 계속해서 문제가 생기게 됩니다. 구조조정 그 자체는 대상자뿐만 아니라 비대상자에게도 커다란 스트레스를 주고 그들의 행동에 심오한 영향을 미칩니다.

담당자의 말 한마디가 일파만파 소문으로 퍼져서 나중에는 회사에 대한 불신으로까지 비화되는 경우가 생기는 것을 목격하기도 했습니다. 그렇다면 구조조정을 맡은 인사담당자는 어떤 역량을 지녀야 할까요? 많은 역량을 갖추면 좋겠으나, 완벽한 사람은 없습니다. 그럼에도 불구하고 꼭 갖추어야 할 역량 몇 가지를 픽해 보고자 합니다.

비즈니스에 대해 깊이 이해하나요?

인사는 비즈니스가 전략을 수립하는 데 파트너십으로 중추적인 역할을 해야 합니다. 회사의 미래 방향뿐만 아니라 현재의 비즈니스 상황을 이해하고 왜 구조조정을 해야 하는지에 대해서 충분한 이해가 선행되어야 합니다. 구조조정에 대해서 본인이 충분히 납득되지 않는다면 상대방에게 설명하고 설득하는 것이 어렵기 때문입니다.

인사담당자는 구조조정의 전체 시나리오를 이해하고 대상자의 모든 질문에 일차적으로 답을 할 포지션에 있습니다. 다양한 그룹으로부터의 많은 질문에 답하고, 복잡한 문제를 해결하기 위해서는 비즈니스에 대한 이해와 비즈니스 전문성을 갖추어야 합니다. 구조조정을 다루는 인사담당자에게는 비즈니스에 대한 깊은 이해가 가장 중요한 역량입니다.

젊은층, 중간계층, 관리계층, 임원계층 등 모든 그룹에게 비즈니스 전문성 없이 주어진 상황을 설명한다면 상대방이 이해하는 데 큰 어려움이 있게 됩니다.

해당 사업부는 왜 구조조정이 필요한지, 비즈니스에는 어떤 영향을 미치는지, 비즈니스와 관련된 업무는 무엇인지 등 결국에는 모든 것은 비즈니스에서부터 나옵니다.

이전에 컨설팅사업 부문의 조직 개편으로 구조조정을 한 적이 있었습니다. 컨설팅사업부는 고객을 유치하기 위한 컨설팅영업본부, 컨설팅연구본부, 기술컨설팅본부로 조직이 구성되어 있었습니다.

각 본부 산하에는 운영팀이 존재했습니다.

운영팀은 본부에서 발생하는 고객 관리, 딜 관리, 이익 관리, 제안서, 기타보고 자료들을 준비하고 관리하는 역할을 했습니다. 각 본부별로 운영팀이 있다 보니 통합적으로 고객을 관리하는 데 문제점이 노출되곤 했습니다. 컨설팅 영업본부에서 유치한 고객에 대한 정보가 타 본부에도 공유되어 추후 딜로 연결되어야 하는데 각 본부 간에 자료들이 제대로 공유되지 못하는 문제가 발생했습니다. 또한 각 본부에 속한 운영팀들은 서로 협업을 하기보다는 경쟁이 앞서게 되었습니다.

외부의 고객들도 회사의 한 팀을 연결해서 그들의 문제를 해결하기보다는 여러 팀을 접촉해야 하는 불편함을 감내해야 했습니다. 또한 각 본부별로 외부에 제안서를 낼 때도 각각의 팀들이 별도로 준비함에 따라 인력과 시간의 비효율성이 노출되었습니다. 따라서 전체적으로 업무 프로세스를 개선하는 작업을 시작하였고, 각 본부별로 있는 운영팀은 하나로 통합했습니다.

특히 제안서를 담당하는 업무는 한 곳에서 통합적으로 하도록 업무를 일원화했습니다.

컨설팅사업부를 대상으로 구조조정이 실시되었습니다. 인사담당자는 컨설팅사업부의 비즈니스에 대해서 잘 이해하고 있어야 합니다. 컨설팅사업부는 서비스의 시장 점유율을 높이기 위해서 전략적으로 고객을 관리하는 것이 필요하였고, 이에 반영한 적합한 조직 설계 과정에서 비즈니스와 인사는 협업을 하게 됩니다.

인사담당자는 컨설팅사업부의 전략이 무엇인지를 설명하고, 비즈니스 전략이 잘 작동하기 위해서, 즉 고객에 집중하기 위해서 새로운 조직구조, 예를 들어 운영팀의 통합, 제안 부서의 신설 등의 필요성을 구성원에게 잘 이해시켜야 합니다.

인사담당자의 비즈니스에 대한 전문성은 전반적인 구조조정 프로세스를 더 효과적으로 수행하도록 하고, 불안한 비대상자 직원의 질문에도 적절하게 답할 수 있게 됩니다. 또한 인사담당자는 비즈니스의 다양한 시나리오를 이해함으로써 구조조정에 대한 전체 실행을 좀 더 합리적으로 기획할 수 있습니다.

상대방을 배려하고, 경청하나요?

구조조정은 개인들에게 불확실성을 가져다줍니다. 누가 구조조정의 대상자인지, 아닌지 혼란이 생기며, 혼란 도중에 개인과 조직의 성숙도가 드러나게 됩니다. 개인과 조직의 성숙도가 구체적으로 무엇을 의미할까요?

구성원들은 구조조정을 바라보는 태도와 행동들이 제각각 다르기 마련입니다. 어떤 이는 회사를 비난하기도 하고, 다른 이는 경영층을 비판하기도 합니다. 또 다른 이는 회사의 구조조정이라는 결정을 이해하는 반응을 보입니다. 그렇다면 왜 각자 다른 관점에서 바라볼까요?

개인적인 성향 차이도 있으나 그들이 왜 부정적으로 행동하는지에 대한 근본적인 이유를 이해하는 것이 필요합니다. 회사를 비난하는 이는 회사의 전략 실패에 따른 경영 실적이 좋지 않았던 경험이 있고, 이를 왜 회사가 아닌 개인이 책임져야 하는지를 지적할 수 있습니다.

이들의 생각을 반박하기보다는 끝까지 이들의 말을 들어주고 경청하는 자세가 요구됩니다. 어떤 이는 회사가 구조조정하게 된 것을 경영진의 탓으로 돌리기도 합니다. 그러나, 회사는 경영진을 포함한 모든 구성원의 노력으로 이루어집니다. 사실상 상대방의 말이 사실이 아니더라도 있는 그대로 들어주고, 나중에 필요하다면 사실에 기반하여 소통하는 것이 좋습니다.

어떤 이는 회사의 구조조정을 이해하는 반응을 보이기도 합니다. 그러나 보이는 것이 다가 아닐 수도 있습니다. 이 말은 대화의 상대방이 누구인지에 따라서 반응이 달라지기도 합니다. 따라서 보이지 않는 이들의 반응을 잘 파악해야 합니다.

만약에 상대방을 배려하고 존중하며, 경청하는 태도가 안 되어 있다면 결국에는 큰 소리를 지르며 격한 감정까지 가게 될 수 있습니다. 즉 개인과 조직의 성숙도가 떨어지게 됩니다. 구조조정에서 소통의 중심에 있는 인사담당자가 이러한 역량을 잘 갖추고 있지 못하다면 결국에는 배가 산으로 가는 형국을 맞이하게 됩니다.

상대방에게 믿음을 주나요?

구조조정은 복잡한 프로세스를 가지고 있으며, 특히 많은 제도들이 결합되어 있습니다. 구성원들은 구조조정과 관련된 프로세스나 제도들에 대해서 많은 질문을 합니다. 어떤 이는 제도에 대해서 자신에게 불리하다고 생각할 경우에는 공격적인 자세로 인사담당자에게 질문을 던집니다.

내가 퇴사를 할 경우에 희망퇴직으로 얼마를 받는지가 큰 관심사입니다. 보상 패키지의 경우 회사는 대상자 조건을 명시합니다. 6개월 미만이나 최근 입사자의 경우에는 해당이 없습니다. 그러나 입사한 지 얼마 안 된 직원이 이 조건에 대해서 크게 이슈를 제기한 적이 있습니다.

신입직원은 오랫동안 고민하다가 희망퇴직을 신청하고 싶다고 인사부에 상담을 요청했습니다. 인사담당자는 단칼에 당신은 해당이 안 되니 돌아가라고 했습니다. 둘 간의 언성이 높아지고 서로 감정선을 건드렸습니다. 이 직원은 다음날 사표를 내고 회사를 떠났습니다. 만약 이 상황에서 당신이 인사담당자라면 어떻게 했을까요?

신입직원이 희망퇴직을 고민한 것은 나름의 이유가 있을 것입니다. 인사담당자는 먼저 왜 희망퇴직을 고민하는지를 물어보고 그에게 무언가 도움을 줄 수 있는 것을 찾았어야 했습니다. 그리고 회사가 왜 희망퇴직에서 신입직원은 해당이 없는지를 자세하게 설명했어야 했습니다. 설사 어떤 결론을 내지는 못할지라도 신입직원은 인사담당자가 자신의 상황을 이해하고 자신을 위해서 무언가를 고민하는 마음을 이해하고, 그에 대한 믿음을 갖게 되었을 것입니다. 물론 이를 통해서 신입직원이 회사에 남지 않을 수도 있습니다. 그러나 서로 간에 소통하고 이해하는 시간이 있어야 했습니다.

회사는 보상 패키지 등 제도를 설계할 때 나름의 철학을 지닙니다. 회사는 힘들게 좋은 직원들을 채용하였고, 수습 기간이 지나지 않은 직원의 경우에는 이들이 계속 회사에서 기여하길 원합니다. 따라서 희망퇴직 시에 이러한 인사 철학을 구성원에게 투명하게 설명해야 합니다.

신입직원의 경우 이 답변에 만족하지 못하더라도 절차들이 공정함을 이해하고 이를 통해서 서로 간의 믿음이 형성됩니다. 믿음이 없을 경우에는 감정적으로 문제를 대하고, 서로 평행선만 만들게 됩니다. 믿음이 적을수록 구조조정은 순행할 수 없게 됩니다. 인사담당자는 자신의 말을 상대방이 공정하게 인지하도록 믿음을 줘야 합니다.

구조조정

정확히 소통하나요?

회사는 구조조정 발표를 위해서 전 직원 참여를 요청했습니다. 경영진을 비롯하여 1,000명의 구성원이 모였습니다. 구성원들은 최고경영자가 구조조정에 대해서 전달하는 내용을 잘 이해할까요?

1,000명의 구성원은 1,000가지 각기 다른 생각을 가지게 됩니다. 회사가 아무리 정확한 소통을 해도, 개개인들이 처한 상황에 따라서 각기 다르게 받아들이게 됩니다. 구조조정과 관련된 제도를 설명한 이후에도 직원들의 이해도는 제각기입니다. 따라서 인사담당자의 소통이 무엇보다도 중요합니다. 소통을 잘 못할 경우에는 회사의 미래에 대한 불확실성이 높아지고, 직원들 간의 스트레스가 올라가게 됩니다. 따라서 전략적인 소통이 구조조정에서는 필요합니다. 인사담당자는 해야 할 말과, 주의해야 할 말을 생각하면서 소통해야 합니다.

구조조정 기간에는 모두가 민감합니다. 대상자가 아닌 직원이나, 대상자가 된 직원이나 모두에게 말입니다. 구조조정에서는 사실에 근거하지 않은 루머들이 퍼지는 경우가 많습니다.

관리자를 통해서 희망퇴직 내용을 구성원들에게 전달한 적이 있었습니다. 관리자는 자신이 생각하는 대상자를 정하고 그들에게 희망퇴직을 권고했습니다. 기혼보다는 젊은 미혼 직원이 지원하도록 한 것입니다. 관리자의 생각은 젊은 미혼 직원은 퇴사를 해도 취업이 쉽게 된다는 생각이었습니다. 그러나 이는 회사가 원하는 방향이 아니었습니다. 왜냐하면 관리자가 속한 조직은 통폐합된 곳으로 관리자의 일부 포지션이 없어졌기 때문에 사실상 젊은 미혼 직원층은 해당되지 않았습니다.

이렇듯 구조조정은 동상이몽이 많습니다. 이럴 경우에 인사담당자는 관리자와 직원을 대상으로 직접적으로 소통하는 기회를 가지고 사실을 정확하게 전달하는 능력이 필요합니다. 어려운 상황이고 어려운 대화일수록 보다 적극적인 소통 능력이 요구되기 때문입니다.

비즈니스 전략과 맥을 같이하는 인사전략을 펼치나요?

내부와 외부의 변화되는 상황에 맞게 각 사업부는 비즈니스 시나리오 플래닝을 합니다. 특히 제품 수명 주기 사이클이 짧은 제품의 경우에는 시장에서의 경쟁이 치열합니다. 이러한 경영환경에서 우위를 점하기 위해서 기업들은 인수합병이 빈번하며 이에 따라 구조조정이 불가피한 경우가 많습니다.

구조조정 시에는 사업부 전략에 따라 인사 전략과 보상 전략도 맥을 같이해야 합니다. 제가 맡았던 소프트웨어와 보안사업부문은 3개월 단위로 신제품이 발표되거나 업그레이드된 제품들이 출시되었습니다. 회사 내에서 마진 구조가 가장 좋았던 곳이기도 했습니다. 그러나 인수 및 합병으로 인해서 중복되는 업무가 많아져서 구조조정이 요구되었습니다. 따라서 회사는 특정 사업부를 대상으로 구조조정을 실시하기로 했습니다.

구조조정

소프트웨어와 보안 사업은 제품 사이클이 빠르게 변화하기 때문에, 변화에 뒤처지게 되는 인력들은 그만큼 역량 차이가 발생하였습니다. 구조조정으로 감원이 중요했으나, 인사 전략으로 소프트웨어 사업을 이끄는 핵심 엔지니어를 어떻게 잘 보유할지가 주요 과제였습니다.

구조조정은 사람을 내보내는 것인데, 핵심인재를 보유하는 것이 인사 전략이라니 아이러니할 것입니다. 하지만 회사는 사업부에 적합하지 못한 인력을 내보내고, 사업부에 적합한 인력을 보유하는 두 마리의 토끼를 잡지 못한다면 향후 비즈니스 성공에 어려움이 있기 때문입니다.

인사 전략의 최우선 과제는 결국은 인재로 귀결됩니다. 인사담당자는 구조조정에 속하는 비즈니스의 속성을 잘 파악하고 구조조정에서 어떤 인사 전략을 펼치고, 어떻게 인사 정책에 연계할지를 전략적으로 준비해야 합니다.

3부

인원 감축 이후
무엇이
필요한가?

30

남은 자들에게
어떤 메시지를 전달하나요?

남은 구성원들에게 집중하세요

구조조정을 마무리한 이후의 조직은 무척 어수선합니다. 남아 있는 직원들은 구조조정이라는 태풍이 지나갔다는 안도감을 갖기도 하나, 언제 또 태풍이 나타날지도 모른다는 불안을 표하는 이도 있습니다.

직원들은 일에 집중하기보다는 사적인 대화로 시간을 할애합니다. 중요한 것은 이러한 조직 분위기를 가능한 빨리 탈피해야 한다는 것입니다.

구조조정 이후에 조직 안정화가 우선시되어야 합니다. 그러기 위해서는 남아 있는 구성원에게 보다 집중할 필요가 있습니다. 경영층은 직원들에게 회사 미래에 대한 비전을 확실히 제시해야 합니다. 관

인원 감축 이후 무엇이 필요한가?

리자는 직원들을 동기부여하여 더 좋은 성과를 내도록 독려해야 합니다. 회사는 직원에게 스스로 내가 성장할 수 있는 곳이라는 믿음을 심어줘야 합니다.

구조조정이 시작되기 전에도 직원과 이해관계자를 고려한 커뮤니케이션 전략이 중요하나, 구조조정이 마무리된 이후에는 특히 남은 내부 구성원을 위한 커뮤니케이션 전략이 필수적입니다.

회사가 무엇을 했는지를 알리세요

글로벌 비즈니스 전략에 따라서 서비스 사업부의 콜센터 기능을 한국에서 중국으로 옮긴 적이 있습니다. 제품 서비스를 관리하는 콜센터 조직이 하루아침에 없어지게 된 것이지요. 따라서 해당 조직을 대상으로 구조조정을 하게 되었습니다.

구조조정을 하기에 앞서, 왜 해당 사업부가 없어져야 하는지와 해당 직원들이 어떻게 되는지에 대해서 다각도로 준비를 했습니다. 회사는 글로벌 전략에 따라서 지역의 해당 사업부가 없어지기는 하나, 이 점보다는 회사가 핵심적인 제품에 보다 집중함으로써 미래에 어떤 청사진을 가지고 있는지를 마련했습니다. 단순히 직원들을 내보내는 것이 아니라, 회사는 직원에게 다양한 선택지를 제공했습니다.

우선 사업부가 한국에서 중국으로 옮겨짐에 따라 중국 사업부에서 일을 할 기회를 최우선으로 주었습니다. 중국 사업부에 조선족을 채용해서 중국어를 몰라도 초기에 중국에서 잘 정착할 수 있도록 했습니다. 언어적인 문제를 해결하고 중국에서의 조직문화에도 쉽게 적응하도록 팁들을 제공했습니다.

만약 직원이 외국에서 일하길 원치 않을 경우에는 내부전배를 통해서 본인이 잘할 수 있는 업무를 찾도록 했습니다. 내부전배 시에 업무 적합성이 떨어질 경우에는 이를 돕기 위한 교육을 구축하였습니다. PC 제품 경험치를 지닌 직원의 경우에는 기술컨설팅이나 타제품 엔지니어 교육을 사내에서 기획하고 이를 제도화하였습니다.

내부전배를 통해서 새로운 업무를 무리 없이 수행할 수 있도록 멘토링 제도를 활용하여 해당 직원에게 멘토를 지정해 주었습니다. 그럼에도 불구하고 내부에서 일 찾기가 여의치 않을 경우에는 헤드헌터 기능을 지닌 전직 서비스 업체와 협업하여 이들이 외부 시장에서 구직을 잘 할 수 있도록 도움을 주었습니다.

회사는 사업부가 없어져서 구조조정 결정을 내리더라도 직원을 위해서 할 수 있는 다양한 옵션을 제공하였고, 회사가 무엇을 했는지를 남은 구성원들에게도 알렸습니다.

회사의 현재와 미래, 총체적인 변화를 소통하세요

구조조정 이후에는 좋은 말보다는 좋지 않은 말들이 회자되고, 정확하지 않은 정보들도 떠돌기 일쑤입니다. 따라서 회사가 구조조정을 대하는 자세를 정확하게 직원들과 소통하는 것이 필요합니다.

기업에서의 구조조정은 단순히 사람을 내보내는 것이기보다는 비즈니스의 재편, 조직의 재편, 사람의 재편, 전략의 재편, 시스템의 재편 등 총체적인 변화를 의미합니다. 따라서 회사는 구조조정 이후 구성원들에게 총체적으로 무엇이 변화되고, 우리의 미래가 어떻게 되는지를 소통해야 합니다.

직원은 내부에서 더 이상 일할 기회를 잡을 수 없더라도 회사가 다양한 옵션을 제시하고 최선을 다한 것에 대해서 감사한 마음을 지니게 됩니다. 남아 있는 직원들은 회사를 떠나는 직원들을 회사가 어떻게 대우했는지를 잘 기억하고 있고, 그들은 자신도 같은 처지가 될 때 회사가 어떻게 할지를 인지하게 됩니다. 백마디의 말보다는 구조조정에서 보인 회사의 행동과 태도가 남아 있는 직원들에게 큰 영향을 미치게 됩니다. 앞으로의 그들의 모습이라고 생각하니까요.

31

전략적으로 자리를
바꾸시나요?

회사는 다양한 경험치를 가진 자를 선호합니다

인간은 본능적으로 변화를 원하지 않습니다. 조직에 몸담고 있는 직원들도 크게 다르지 않습니다. 이들은 변화를 두려워하는 경향을 지닙니다. 다른 업무, 다른 부서, 다른 사업부로 옮기는 것을 싫어합니다. 물론 간혹 변화를 즐기는 사람도 있지만요.

내부전배는 새로운 업무를 통해서 많은 경험을 하게 되며, 이는 본인의 역량을 키우는 데 좋은 계기가 됩니다. 새로운 기능이나 업무를 수행하므로 다양한 전문성을 지닐 기회가 됩니다.

회사는 아무래도 한 가지 전문성보다는 여러 경험을 지닌 자를 선호합니다. 이들은 한 가지 관점에서가 아닌, 다각도로 관점을 바라보고 판단하므로 큰 그림을 그리는 것에도 유리합니다. 또한 여러 업무를 통해서 경험을 쌓았기 때문에 상대방의 업무적인 고충사항을 이해하며 상대방과의 협상이 필요할 때도 상대방을 자신이 생각한대로 유리하게 설득할 수가 있습니다. 다양한 능력이 배가되므로 승진의 기회도 높아지게 됩니다.

전략적인 내부전배, 큰 변화를 가져옵니다

구조조정 이후에는, 다양한 경험을 보유한 자가 특히 필요합니다. 다양한 경험을 지닌 자를 외부에서 채용해도 되지만, 내부 인력이 다양한 경험을 갖도록 키우는 것이 좋습니다. 내부 인력은 조직시스템에 익숙하므로 조직 내에서 훨씬 빠른 적응력을 보입니다. 다만, 회사가 큰 변화를 꾀하고자 할 때는 내부 인력이 한계를 드러낼 때도 있습니다. 바꾸어야 할 것 대해서 이미 기득권이 되면 그 자체를 변화시키는 것은 어렵습니다.

다시 돌아가서, 이전에 전략적인 내부전배를 준비하고 이를 실시한 적이 있었습니다. 전략적인 내부전배가 무엇인지 생소하시나요? 일반적인 내부전배와 무엇이 다를까요?

전략적인 내부전배는 회사가 나름의 목표를 가지고 의도적으로 인력의 교류를 체계적으로 가져가는 것입니다. 일반적인 내부전배가 직원 자신이 주도해서 지원하는 반면 전략적인 내부전배는 회사와 직원이 함께 이끌어 나가는 특징이 있습니다. 한 가지 사례를 들어보겠습니다.

일반적으로 구조조정 이후에 시간이 지나면 필요한 인력을 다시 채용하는 형태를 취하곤 합니다. 하지만 회사는 구조조정 이후 인력 충원은 없다고 천명한 적이 있습니다. 내부 인력으로만 비즈니스를 하라고 주문한 것이지요. 회사는 4가지 관점에서 전략적으로 내부전배를 적용했습니다. 첫 번째가 비즈니스 측면이었습니다. 두 번째는 기능적인 측면이고, 세 번째는 업무적인 측면이고, 마지막으로는 국가적인 측면을 고려했습니다.

비즈니스가 달라도 괜찮습니다

비즈니스 측면은 여러 비즈니스가 있게 되고, 시간이 지나면 각 비즈니스가 독립적으로 운영되기 때문에 인력의 교류가 사실상 힘들어지게 됩니다. 따라서 구조조정이 마무리된 시기는 인력의 교류에서 적기인 셈이죠. 구조조정을 함에도 불구하고 어떤 비즈니스는 인력이 더욱 부족하거나, 다른 비즈니스는 잉여인력이 생기게 됩니다.

예로 한 비즈니스에서 마케팅 업무를 한 사람은 다른 비즈니스에서 비즈니스의 성격을 다르나 기본적인 마케팅 경험이 있으므로 쉽게 타 비즈니스의 마케팅 관련 업무에 쉽게 적응합니다. 물론 개인마다 그들이 지닌 스킬이 다르게 되기 때문에 비즈니스가 필요한 스킬로 끌어올리기 위해서는 시간과 비용에 대한 투자 및 체계화된 교육이 함께 병행되어야 합니다.

기능이 달라도 괜찮습니다

기능적인 측면은 각기 다른 기능을 하는 부문 간의 인적 교류입니다.

예로 숫자를 관리하는 재무팀과 제품을 판매하는 영업팀 간의 교류가 한 예가 될 수 있습니다. 회사는 수익을 창출하는 팀에 투자를 하고, 지출이 발생하는 팀은 구조조정이 되기도 합니다. 각 회사의 영업은 주로 수익을 창출하므로 확대 전략을 구사하고, 관리팀은 가능한 축소 전략을 활용하기도 합니다. 따라서 관리팀에 있는 직원 중에 영업에 관심이 있는 경우 그들의 의사를 고려하여 영업팀으로 배치되기도 합니다. 이러한 경우에도 영업 스킬과 고객에 대한 이해와 관련된 교육이 지원됩니다.

업무가 달라도 괜찮습니다

다음은 업무적인 측면입니다. 조직에서 영업을 하거나, 컨설팅을 하거나, 마케팅을 하는 등 업무를 할 때 보통은 운영팀이 있습니다. 기업에 따라서 다르나, 운영 업무의 경우 운영지원팀과 운영기획팀이 나누어져 있는 경우도 많습니다.

구조조정이 시작되면 일반적으로 유사 팀들은 하나로 통합되는 경우가 많습니다. 혹은 기존 업무가 없어지고, 새로운 업무로 재지정되기도 합니다. 이때 운영지원팀과 운영기획팀 간의 인적 교류를 통해서 확대된 책임을 지닌 새로운 업무에 배정이 되게 됩니다. 만약 운영지원팀 중 한 명이 이 업무에 배정되었다면, 이 직원은 운영지원 업무뿐만 아니라 운영기획에 대한 새롭고 폭넓은 경험을 배울 수 있는 기회를 접하게 됩니다.

나라가 달라도 괜찮습니다

마지막으로 국가적인 측면입니다. 글로벌 기업의 경우는 프로세스의 표준화를 통한 비용의 최적화를 위해서 중요 지역에 글로벌하게 허브를 설치하게 됩니다.

싱가포르와의 인적 교류를 한 적이 있었습니다. 글로벌 기업의 아시아본부는 이전에는 홍콩이었으나, 상당수의 기업들이 정치적으로 안정되고, 외국 기업들이 편하게 비즈니스 하기에 좋은 환경을 제공하는 싱가포르로 이전했습니다. 한국에 있는 직원 중 몇 분은 싱가포르에 있는 운영 업무로 이동했습니다. 한국에 있는 운영 업무가 싱가포르로 이전함에 따라서 기존의 직원이 원해서 싱가포르의 운영 업무를 할 수 있도록 전배되었습니다. 이렇듯 구조조정이 된 이후에도

다양한 업무로 국가 간 인력 교류가 빠르게 이루어진 많은 사례가 있
습니다.

32

성과를 내는
조직문화인가요?

구조조정 재실시 여부는 직원이 답을 가지고 있습니다

구조조정이 이루어진 이후에는 다시 한번 인력 감축의 본질과 범위에 대해서 남아 있는 직원들에게 소통을 해야 합니다.

구조조정이 사업의 수익 측면에서 결정되었거나, 새로운 사업 때문에 결정되었더라도 중요한 것은 조직이 성과를 지속적으로 낼 수 있는가입니다. 앞으로도 성과를 지속적으로 내지 못한다면 구조조정은 다시 발생하기 때문입니다. 개개인이 성과를 냄으로써 회사의 성과를 달성하게 됩니다. 직원들은 앞으로 구조조정이 있는가를 묻곤 합니다. 사실상 그에 대한 답은 각각의 직원들이 가지고 있습니다.

최고경영자와 경영진이 회사를 이끈다고 해도 개인들이 최선을 다해서 일을 하지 않는다면 원하는 결과를 가져오긴 힘듭니다. 따라서 이러한 점을 진솔하게 직원들과 소통해야 합니다. 회사는 직원에게 무엇을 기대하는지를, 직원은 회사가 무엇을 지원하길 원하는지를 서로 소통해야 합니다.

기존의 성과 관리, 다시 살펴봐야 합니다

이전에 조직이 분사되면서 일부 직원은 현 조직에 남고 나머지 직원은 분사된 조직으로 이동함에 따라 희망퇴직을 실시한 적이 있습니다. 희망퇴직 이후에 현 조직에 남아 있는 직원들은 회사가 언제 또 분사를 할지 모른다고 그들의 미래를 두려워했습니다.

사실상 회사도, 경영진도 기업의 미래를 알 수는 없습니다. 그렇다고 걱정할 필요도 없습니다. 회사는 직원들이 맡은 바 역할을 다하도록 동기부여하고, 조직의 성과를 체계적으로 관리해야 합니다.

보통은 기존의 체계를 그대로 유지하는 경향이 있습니다. 하지만 구조조정을 했다는 것은 조직 내부에서 성과를 만들어 내기에는 문제가 있다는 것입니다. 기존의 성과 관리를 큰 틀에서 접근해야 합니다. 성과 관리의 시작부터 마무리까지의 과정에서 무엇이 문제였는지를 철저히 파악해야 합니다.

우리 모두 성과를 잘 내길 원합니다. 하지만 조직 내에서 전 직원이 달성해야 할 목표들이 너무 애매모호하게 설정되지는 않았는지 반문해야 합니다.

조직들은 현실적으로 목표를 설정하는 데 많은 어려움이 있습니다. 어떤 기업은 합리적이고 도전적인 목표를 정하기보다는 정치적으로 목표치를 정하는 사례가 관찰되기도 했습니다. 매해 회사가 목표를 설정할 때마다 각 부문 간에 전쟁이 일어나곤 합니다.

구조조정 이후의 성과 관리, 현실은 녹녹치 않습니다

구조조정 이전과 구조조정 이후의 성과를 관리하는 것을 비교해 보면 구조조정 이후가 성과에 대한 민감도가 훨씬 높습니다.

기업은 여러 사업부가 있고, 사업부가 있고, 사업부 내 각각의 본부가 있고, 본부 아래의 팀이 있습니다. 구조조정을 겪고 난 이후에는 한 사업부에 목표 수치가 있을 때, 이를 어떻게 배분할지에 대해서 서로의 이해관계와 그들이 맡고 있는 시장 상황에 따라서 치열한 논쟁이 시작됩니다. 목표 설정 회의는 말 그대로 전쟁터이고, 우여곡절 끝에 결말이 나곤 합니다.

조정 회의를 통해서 서로 간에 컨센서스를 이끌어 내는 과정이 꼭 필요합니다. 이러한 목표 설정의 조정 회의가 없이 목표를 그대로 위에서 아래로 일방적으로 받게 된다면 구성원들은 이것이 내 목표치라고 생각하기보다는 회사의 목표치라고 생각합니다.

목표가 정해지고 실적을 낼 경우에 이를 점검하기 위한 회의나 보고 등이 있습니다. 목표치를 달성한 경우에는 문제가 없으나, 실적이

미흡할 경우에 왜 실적이 미흡한지, 원인이 무엇인지, 실적 대비 미흡한 점을 어떻게 보완하는지, 미흡한 실적에 대한 역할과 책임이 명확한지 등을 논의합니다.

구조조정 이후에는 실적이 좋은 팀과 그렇지 않은 팀으로 나누어지는 경향이 있습니다. 이는 조직, 리더십, 내부적인 복잡한 여러 요인이 영향이 미치기 때문입니다. 실적에 대한 평가는 누구에게나 공평하게 적용되어야 하고, 평가 절차도 투명해야 합니다. 하지만 현실은 말처럼 쉽지 않습니다.

목표를 정할 때 만약에 나의 팀이 불이익을 받았다고 생각하고 실적도 저조할 경우에는 구성원들은 목표가 잘못되어서 실적을 달성하지 못했다는 이유를 댑니다. 만약에 구성원들 간의 컨센서스 없이 목표가 일방적으로 정해졌다면 평가를 할 경우에 이러한 이슈는 끝까지 지속됩니다. 따라서 실적을 달성하지 못한 팀의 경우에 그 원인을 확실하게 파악해야 합니다. 실제로 목표치가 높아서인지, 내부 조직의 문제인지, 시장 상황이 안 좋은 것인지, 경쟁사가 더 나은 전략을 구사한 것인지, 제품의 질에 문제가 있는지 등을 살펴야 합니다.

구성원에게 동기부여하는 보상체계를 가져야 합니다

구조조정 이후에 회사는 보다 적극적으로 보상체계를 정비하는 것이 필요합니다.

실적을 잘 낸 직원에게 경쟁력 있고, 적절한 보상이 주어져야 합니다. 애매모호한 보상구조를 지니고 있으면 구성원들에게 동기부여를 하기가 힘듭니다. 회사는 구성원들이 고생해서 낸 성과들을 충분히 인정해줘야 합니다. 당장은 보상으로 인해서 비용이 들더라도 장기적으로 보면 회사에 이익이 되게 됩니다. 구성원들로부터 보이지 않은 신뢰를 얻을 수 있기 때문입니다.

이것은 돈의 문제가 아니라, 회사가 직원의 노고를 알아준다는 인식이 싹트기 때문입니다. 이러한 상황들을 고려하여 전 직원이 성과를 낼 수 있는 조직문화를 가져가야 합니다. 구조조정 이후에 성과관리를 집중해야 하는 이유입니다.

33

나의 가치를
알고 있나요?

나의 커리어, 나 스스로 가꾸세요

조직은 구조조정 이후에 가시적인 결과물을 가져오기 위해서 부문 단위로 성과를 강조하는 경향이 있습니다. 성과를 통해서 고용이 유지되기 때문에 중요한 부분입니다. 다만 조직 내에서 성과만을 강조하는 데는 한계가 있습니다.

올림픽 경기를 보면, 각 나라의 최고의 선수들이 참가해서 초반에 잘 뛰나, 중반전과 후반전에 들어서서는 선두 그룹과 그렇지 못한 그룹이 분명하게 갈립니다. 성과도 마찬가지입니다.

한 분기는 성과가 좋았고, 다음 분기는 성과가 목표에 미달하는 등 변동성이 심하다면 구성원들은 성과를 달성하는 과정에서 지치게 됩니다. 하지만 직원들이 일하는 이유가 성과를 내는 것뿐만 아니라 자신의 경력 성장에도 도움이 된다면 기꺼이 그리고 최선을 다하는 모습을 볼 수가 있습니다. 직원들은 자신의 경력을 중요시하기 때문입니다.

이러한 이유로 회사는 성과 관리와 함께 직원의 경력 관리를 중요하게 여겨야 합니다. 경력 관리는 직원들이 주체적으로 만들어 나가도록 해야 합니다. 회사는 직원이 스스로 성장하도록 그들의 성장을 도와야 합니다.

자신의 가치를 되돌아봐야 합니다

직원은 스스로 본인이 어떤 기술과 경쟁력을 가지고 있는지, 자신의 가치가 무엇인지를 되돌아봐야 합니다. 보통은 자신을 투영할 때 자신에게 관대해지는 경향이 있습니다. 하지만 나 자신을 냉철하게 바라보고 조직에서 나의 가치를 가늠하는 것이 중요합니다.

이미 내가 세운 단기와 중장기 경력 목표가 있다면, 구조조정 이후에 이러한 경력 목표를 수정할 수도, 그렇지 않을 수도 있습니다. 구조조정 이후에 개편된 조직은 새로운 스킬셋을 요구하는 직무가 보다 중요해지게 됩니다. 따라서 급격히 변화되는 내부와 외부 환경을 살펴보고 이를 나의 경력 관리에 반영해야 합니다.

업무를 아웃소싱하면서 나의 가치를 업(Up)

이전에 국내에서 진행하던 채용 업무를 해외 채용 업체에게 아웃소싱한 적이 있었습니다.

채용 업무의 주된 역할은 회사가 원하는 인재를 적시에 선발해서 비즈니스에 도움을 주는 것입니다. 따라서 리크루터의 역량이 중요합니다. 리크루터는 비즈니스 전략에 따라서 어떤 인재가 필요한지를 파악하고, 적합한 인재를 매칭하고, 최종적으로 입사를 지원하게 됩니다.

각 나라에 존재하는 채용 업무가 해외에 있는 아웃소싱 업체에게로 이전되면서 각 나라에 있던 리크루터의 일은 해외 아웃소싱 업체의 리크루터가 대신하게 되었습니다. 각 나라 입장에서는 리크루터 일이 한순간에 없어지게 된 것이지요.

채용 업무를 세부적으로 살펴보면, 수요와 공급 측면에서 볼 수 있습니다. 회사는 공급에 대한 고민을 적게 합니다. 즉 수요라는 일할 수 있는 자리는 적고 공급이라는 지원자들은 많기 때문에 적합한 인재를 뽑는 데 큰 어려움이 없습니다. 그러나 업무의 성격이 높은 기술이 요구되거나, 전략적인 사고가 중요한 포지션을 뽑는 것이라면 얘기는 달라집니다. 수요보다 공급이 적게 됩니다. 특히 각 회사가 인력풀을 잘 갖추고 있지 않다면 공급 문제는 심각하게 대두됩니다. 따라서 인재를 소싱하는 능력은 그 기업의 명운에 큰 영향을 미칠 수도 있습니다.

회사는 피봇탈포지션Pivotal Position에 대해서는 소싱팀을 구성해서 리크루터가 소싱을 잘 할 수 있는 역량을 갖추도록 지원하였습니다. 이전에는 소싱이 약해서 외부 헤드헌터로부터 인재를 추천받고 이에 대한 서비스를 지불했었습니다. 하지만 비즈니스 운영모델을 바꾸어서 내부팀이 인재를 소싱함으로써 비용도 절감하는 일거양득의 효과를 거두게 되었습니다. 리크루터 입장에서 자신이 경력 중에서 보완할 부분을 개발해서 자신의 업무 범위를 넓히고 전문성을 강화하며 나의 가치를 높인 좋은 예입니다.

회사가 경력 관리를 잘 지원하기 위해서는 먼저 경력을 체계적으로 관리해야 합니다. 시스템을 통해서 직원이 일한 경력들을 정리하는 것입니다. 과거의 직무, 현재의 직무를 바탕으로 미래에 어떤 직무가 필요할지 조언한다면 보다 효율적으로 직원의 가치를 업up시킬 수 있습니다.

34

회사가 나의 커리어를
큐레이팅 하나요?

나의 프로필, 업무 실적 중심으로 구성합니다

일반적으로 조직 개편이 발표된다면 그 이후에 구조조정이 시작됩니다.

회사와 관리자들은 구조조정으로부터 인재의 중요성을 더 느끼게 됩니다. 불확실한 상황에 잘 대처하고, 조직에 변화를 가져오며 이를 주도할 능력을 지닌 사람을 선호합니다. 하지만 우리가 생각하는 것과 달리, 현실적으로 조직에 이러한 인재를 찾는 데는 어려움이 있습니다. 시스템적으로 경력 관리가 잘 구조화되어 있지 않다면 어려움은 배가됩니다.

구조화한다는 것은 흩어져 있는 데이터를 하나로 모으는 작업이며 그다음은 모아진 데이터들 필요한 사항에 맞게 큐레이팅하는 것입니다. 흩어져 있는 데이터를 모으는 작업은 각자 구성원의 업무경력 프로필을 커리어 플랫폼에 업데이트하는 것을 의미합니다. 즉 나의 경력을 구체적으로 적게 됩니다. 만약 내가 인사 업무를 했다면 이를 기간과 함께 기재합니다. 언제부터 언제까지 인사 데이터 분석과 운영 업무를 담당했다는 것을 적습니다. 또한 대표적인 실적이 무엇인지를 나타냅니다. 인사 데이터 인텔리전스 산출물을 냈다면 자세하게 그 효과를 적습니다.

회사는 경력을 매칭하고 큐레이팅합니다

다음으로는 개인 프로필 데이터를 기반으로 회사의 니즈와 개인의 니즈에 맞게 큐레이팅하는 것입니다.

한 예는 경력 사다리가 될 수 있습니다. 회사는 각각의 직무에서 구성원들이 성장할 수 있는 로드맵을 그려 나갑니다.

현재의 자신의 업무와 향후에 원하는 업무의 간극을 보여줍니다. 그 차이를 줄이기 위해서 어떤 직무가 필요한지를 전달합니다. 또한 이러한 직무를 수행하기 위해서 어떤 스킬셋이 갖추어져야 하는지, 어떤 교육이 필요한지 제공하는 것이 필요합니다.

앞에서 언급했던 인사 운영 부서에 인사 데이터 분석 업무가 있습니다. 보유한 지식과 전문성에 따라서 수준별 업무의 난이도가 다릅니다. 주어진 인사데이터를 이해하고 파악하는 기본적인 수준인 인사 데이터 분석가 I_{HR Data Analyst I}, 인사테이터를 활용하여 인사이트를 이끌어 내는 수준인 인사 데이터 분석가 II_{HR Data Analyst II}, 인사데이터로 부터 인사이트를 바탕으로 경영진의 의사결정에 제언을 하는 수준인 인사테이터 분석가 III_{HR Data Analyst III}, 경영진의 의사결정에 활용한 내용에 따라 인사 데이터의 분석 프로토콜을 새롭게 설계하는 높은 수준인 인사 데이터 마스터_{HR Data Master}가 있습니다.

현재 내가 인사 데이터 분석가 I이라면, 다음 단계인 II로 가기 위해서 어떤 업무 경험, 역량, 지식 정도가 필요한지를 파악할 필요가 있습니다. 회사는 내가 원하는 직무를 바탕으로 II에서 인사이트를 이끌어 낼 수 있도록 인사 업무에 대한 경험을 큐레이팅 하게 됩니다.

인사데이터는 결국은 인사 업무의 프로세스로부터 나오는 자료입니다. 예를 들어서 채용 업무의 경우에 한 포지션에 대해서 얼마의 후보자가 지원했는지, 후보자가 지원하고 최종적으로 선발하는 데 얼마의 시간이 걸리는지, 후보자가 외부에서 지원했는지, 내부 지원자인지 등에 관한 분석이 이루어지게 됩니다.

채용 매니저 입장에서는 이렇게 많은 분석 중에서 어떤 자료가 이들에게 비즈니스적인 시사점을 줄 수 있는지를 정합니다. 이를 위해서는 채용 프로세스에 대한 이해도가 높고, 채용 매니저를 지원한 업무적인 경험이 있다면 인사이트를 이끌어 내는 데 도움이 됩니다. 따라서 이에 대한 업무 경험 위주로 큐레이팅을 하게 됩니다.

각 사업부 혹은 사업부문별로 대표적인 직무들이 있게 됩니다. 이들 직무에 대해서 경력 사다리_{career ladder}를 만들어 놓게 된다면 회사와 직원 입장에서는 직원의 커리어를 어떻게 개발하고, 사다리를 단계별로 오르는 데 현실적인 도움이 될 수 있습니다.

구조조정 이후에 여전히 외부 회사에 눈을 돌리는 직원이 있게 됩니다. 하지만 회사가 직원을 위해 특히 그들의 커리어 성장을 위해서 조금만 신경을 쓴다면 이들은 외부보다 내부에 정착할 확률이 높으며 그들의 전문성을 회사를 위해서 사용하도록_{attract} 하는 데 효과가 있게 됩니다.

35

다가가는 소통을
하나요?

구성원 모두가 참여하도록

조직이 크든 작든, 영리기업이든, 비영리기업이든 공통적으로 중요한 것은 커뮤니케이션입니다. 요즈음 개인과 개인의 소통은 소셜 미디어의 발달로 인해서 인스타그램, 트위터, 페이스북 등이 적극적으로 활용되고 있습니다.

보통 조직과 개인의 소통은 각 조직 내에 있는 소통 플랫폼을 통해서 진행됩니다. 어떤 기업은 익명으로 올리는 개인의 의견에 개방적인 반면에 다른 기업은 꼭 실명으로 소통하는 것을 원칙으로 하고 있습니다. 사실상 구성원들이 서로 소통할 경우에 회사에 대한 평판을 좋은 부분보다는 문제가 있는 부분을 중심으로 얘기하곤 합니다.

구조조정 이후에는 문제가 있는 부분들이 더 확대되는 경향이 있습니다. 내용이 사실인지에 상관없이, 은밀하게 급속하게 퍼져나가는 성향을 가지고 있습니다. 구조조정 이후의 커뮤니케이션이 중요한 이유이기도 합니다.

구조조정 이후에는 조직에 있는 최고경영자, 임원, 관리자, 직원 모두 몹시 지친 상태일 것입니다. 좋은 말보다는 나쁜 말들이 조직을 둘러싸는 것은 당연할지 모릅니다. 하지만, 그럴 때일수록 적극적인 소통을 한다면 조직에 큰 도움이 됩니다. 최고경영자를 중심으로, 임원 단위, 관리자 단위로 소통 전략이 잘 짜여져야 합니다.

구조조정 이전에도 커뮤니케이션 전략이 중요하나, 구조조정이 마무리된 이후에도 커뮤니케이션은 너무도 중요합니다. 소통의 형식도 간과해선 안 됩니다. 공식화된 중요한 내용을 전 구성원에게 전달해야 한다면 모두가 참석하는 타운홀 미팅town-hall meeting 같은 정기적인 소통을 취할 필요가 있습니다.

지역적으로 힘든 직원은 화상을 통해서 참여하도록 합니다. 조직 내에서 많은 소문이 떠도는 경우에는 타운홀 미팅을 통해서 소문을 불식하고 앞으로의 방향성을 정확하게 제시할 수 있습니다.

아날로그식 소규모 소통, 임팩트 있어요

타운홀 미팅은 회사가 원하는 메시지를 정확하게 전달하기는 하나, 여전히 회사 입장에서 구성한 것입니다. 회사가 아무리 메시지를 잘 전달해도 이를 받아들이는 사람들은 다르게 해석하기 마련입니다.

이전에 타운홀 미팅을 한 이후에 구성원을 대상으로 만족도 조사를 한 경우가 있었습니다. 정량적인 것과 정성적인 질문을 함께 했는데, 정량적인 것은 미팅을 통해서 조금이나마 회사가 무엇을 하고자하는지 이해하게 되었다는 답변이 주를 이루었습니다. 그러나 정성적인 답변에서는 "회사가 각색한 느낌이다" "우리를 안심시키고 또 구조조정을 하겠지"라는 불신의 답들이 포함되어 있었습니다.

물론 정성적인 답변은 소수의 의견이었으나, 회사가 의도했든 의도하지 않았든, 소수의 구성원들은 회사에 대한 불신이 자리를 잡고 있었습니다. 소수의 의견이기는 하나, 우리는 소규모의 소통 방식을 택했고, 스케줄을 짜서 구성원의 밑바닥에 깔려 있는 불신을 조금이나마 걷어내고자 노력했습니다.

소규모 소통에서 나온 얘기들 중에서 회사가 듣기 껄끄럽지만 구성원이 꼭 알아야 할 사항들은 진솔하게 소통하기 시작했습니다. 소규모 소통을 단기간에 끝내는 것이 아니라 지속적으로 진행하였고 조직이 차츰 긍정적인 분위기로 변하기 시작하였습니다.

하지만 소규모 소통은 많은 시간과 노력이 요구됩니다. 따라서 큰모임 이후에는 부차적으로 내실 있는 소규모의 소통 형식을 가지는 것이 좋습니다. 이는 생각보다 큰 힘을 발휘합니다.

많은 사람이 모인 곳에서는 사람들은 자신의 의견을 잘 표현하지 못합니다. 그러나 작은 규모의 모임에서는 자발적으로 자신을 표현하곤 합니다.

회사의 상황을 고려하여 소통의 주체를 정해야 합니다. 최고경영자가 직접 소통을 할지, 아니면 임원들이 할지, 혹은 관리자가 할지를요. 만약에 하이브리드 방식으로 할 경우에도 나름의 기대하는 효과를 명확히 가져가야 합니다.

누가 주체가 되든지 구성원들에게는 의미 있는 시간이 될 수 있습니다. 구조조정은 끝이 아니라 우리의 미래를 위한 시작임을 인지하는 시간이 될 테니까요.

디지털의 발달로 인해서 우리들은 사람을 대면하지 않고 문자나, 메시지, SNS 등 간편하게 소통하는 것을 즐깁니다. 하지만 힘든 말일수록 서로 대면하면서 진솔하게 대화를 해야 오해가 없게 됩니다.

회사는 어려운 시기일수록 회사의 비전, 방향성, 미래에 대한 얘기를 구성원들에게 직접 소통하는 것이 필요합니다. 구조조정 이후에는 무엇보다는 다가가는 소통이 중요한 시기입니다.

36

우리 조직은
괜찮은가요?

제3기관을 통해 서베이를 하세요

일반적으로 구조조정이 전사 단위로 진행되나, 사업 단위, 부문 단위, 팀 단위로 실시되는 경우도 있습니다. 구성원이 많은 경우에는 그들의 생각을 파악하기 쉽지 않습니다.

구성원이 적은 조직도 마찬가지입니다. 각자 자신의 생각을 표출하지 않거나 표출하는 것이 쉽지 않은 조직문화일 경우에는 구성원의 생각을 가늠하는 데는 한계가 있습니다. 구조조정 이후에 조직의 상황을 어떤 방식으로 파악할 수 있을까요?

익명의 서베이를 실시하는 것이 도움이 됩니다. 회사에서 주관해서 실시하기보다는 제3의 기관에 의뢰해서 객관적이고 투명하게 실시하는 것이 좋습니다. 서베이를 통해서 나온 자료들도 제3의 기관이 다루도록 합니다. 회사와는 독립된 기관이 자료를 다룸으로써 추후 결과에 상관없이 절차적 공정성과 자료에 대한 신뢰성을 확보할 수 있습니다.

이전의 경험에 비추어 보면, 구조조정 이후에 실시하는 조사 결과는 보통은 좋지 않습니다. 하지만 그렇기 때문에 조직은 더 발전할 기회가 생깁니다. 무엇이 문제인지를 정확히 파악할 수 있기 때문입니다. 이러한 문제들을 개선하기 위해서 회사는 직원과 함께 액션 플랜을 짜게 됩니다. 이를 통해서 다양한 해결방안이 나오게 됩니다.

쉐도잉 워크, 다양하게 시도하세요

이전에 구조조정 이후에 만족도 조사를 한 적이 있었습니다. 가장 낮은 점수대를 가져온 것 중의 하나는 직원의 성장이었습니다.

직원들은 구조조정을 통해서 회사가 직원 수를 줄여 비용 절감하는 것에만 몰두하고 직원의 발전은 고려하지 않는다고 생각합니다. 일부 직원들은 회사에 대한 신뢰가 무너진 상태였습니다.

우선적으로 해야 할 일로서 회사는 남은 직원들과 서로 윈윈할 수 있는 일들을 찾는 것입니다. 직원의 성장을 위해서 실질적으로 도움이 되며 실행 가능한 계획을 만들어 가는 것입니다. 가장 이상적인 것은 직원이 즐겁게 일하고, 일을 통해서 성취감을 느끼며, 새로운 일에 도전하여 일의 범주를 넓힘으로써 자신이 성장하도록 하는 것입니다.

이러한 요건을 맞출 수 있는 것은 내가 원하는 일을 하게 될 때입니다. 회사에서 내가 원하는 일을 하는 것은 쉽지 않습니다. 하지만 경력 지도career map을 통해서 내가 원하는 일을 찾는 것을 회사가 제도적으로 마련한다면 가능한 일입니다.

쉐도윙 워크shadowing work를 통해서 이러한 일을 시도한 적이 있습니다. 구조조정 이후에는 감원으로 인해서 해야 할 일들이 많아지게 됩니다. 프로세스를 단순화시킨다고 해도 일이 줄어드는 데는 한계가 있습니다. 따라서 특정한 포지션에 대해서 특정한 기간 동안 자신이 맡은 일 이외에 자신이 앞으로 원하거나 하고 싶은 일을 경험하도록 쉐도윙 워크를 제도화했습니다.

자신이 맡은 일은 프라이머리 롤primary role이고, 하고 싶은 일을 세컨더리 롤secondary role이라고 정했습니다. 쉐도윙 워크의 장점은 이 제도에 지원해서 일을 지원한 경험이 있을 경우 나중에 이와 유사한 사내 공석이 생길 경우에 선발 시에 우선적으로 고려하는 혜택을 제공한다는 것입니다. 쉐도잉 워크의 장점을 사내에 홍보하고, 나중에는 이 잡을 통해서 직무 전환을 한 사례를 공유하기도 했습니다.

채용 업무를 담당한 한 직원이 교육 코스를 확정하고 여러 개의 코스가 동시에 돌아가는 바쁜 시기에 교육 업무를 지원함으로써 나중에 교육 업무를 자연스럽게 맡게 되어 즐거워했던 기억이 있습니다.

다른 기능을 지닌 업무의 한 예도 있습니다. 서비스 부문에 속한 IT 기술을 담당한 한 엔지니어가 있었습니다. 이 직원은 컨설팅 비즈니

구조조정

스에 관심이 많아 고객에게 조언하는 컨설턴트로서 일하는 것이 꿈이었습니다. 컨설팅사업부에 프로젝트가 생길 때 보조 인력으로 투입되어 기술컨설팅을 접하게 되었고, 추후에는 컨설팅 부문으로 쉽게 옮기게 되는 기회를 잡았습니다. 따라서 제도를 제대로 활용한다면 개인의 경력을 살리고, 전문성도 높임으로써 최종적으로는 회사에도 도움이 되는 윈윈 상태를 만들 수 있습니다.

사실상 처음 시도할 때는 조직과 직원에게 부담이 된다는 부정적인 의견들이 많았습니다. 하지만 새로운 시도이기에 직원들과 관리자의 많은 피드백을 반영하고 부정적인 부분을 줄이면서 제도를 만들고 실시했습니다. 한 사람, 한 사람의 성공적인 업무 스토리가 만들어졌습니다.

나중에 이 제도를 경험한 직원과 부서들이 자신에게 도움이 된다는 것을 확인한 이후에는 이분들이 제도의 홍보대사가 될 정도였습니다.

펄스 서베이, 적극 활용하면 좋습니다

회사에서는 조직의 현황을 파악하기 위해서 전 직원을 대상으로 직원 만족도 조사employee satisfaction survey를 하게 됩니다. 정기적인 조사를 빈번하게 하게 되면 직원의 피로도가 쌓이게 됩니다.

구조조정 이후에는 그렇지 않아도 업무 강도가 높아지는데 부수적인 일들을 하라고 하면 적극적으로 참여하는 것이 쉽지가 않습니다. 또한 직원들은 '회사가 쓸데없이 일을 만들어'라는 부정적인 견해를 표출하기도 합니다. 조직 내부에 무엇이 문제인지를 파악하고자 한 서베이들이 그 자체로 더욱더 문제를 만들 수 있습니다.

왜 서베이를 하는지를 직원들에게 잘 소통해야 서베이에 직원들이 적극적으로 참가합니다. 참여자 수가 많아야 직원의 소리를 정확히 들을 수 있고 문제들을 파악할 수 있습니다. 또한 그 결과치도 의미 있게 됩니다.

서베이를 통해서 나온 결과를 바탕으로 회사와 직원들이 액션을 취하고 어느 정도 조직이 안정화되는 궤도에 오르게 됩니다. 이럴 경우에는 정기적인 조사보다는 비정기적으로 필요시 약식조사pulse survey를 실시하는 것이 좋습니다. 회사 입장에서는 정기적인 서베이를 통해서 문제들이 개선된 경우 어느 정도 시간이 지나서 그 문제가 해결되거나 향상되었는지 다시 확인하는 데 사용될 수 있습니다.

그 외에도 회사에 이슈가 되는 부분에 대해 직원의 의견을 구하는 것에도 사용할 수 있습니다. 서베이 목적이 무엇이든지 직원 입장에서는 펄스 서베이는 간편하고 짧은 시간에 끝날 수 있어서 큰 부담이 없습니다.

펄스 서베이pulse survey는 구조조정 이후에 회사가 지속적인 커뮤니케이션하는 데 있어 직원의 소리를 듣고, 직원이 알고 싶은 사항들을 회사의 어젠다에 포함함으로써 큰 도움이 됩니다.

어떤 조사를 하던지 구성원들에게 그들의 개인정보가 드러날 수 있는 정보를 서베이에 적도록 한다면 답변에 대한 솔직함이 떨어지게 됩니다. 따라서 펄스 서베이도 익명으로 실시해야 좀 더 의미 있는 인사이트를 얻을 수 있습니다.

여러분은 어떻게
헤어지고 있나요?

맨 처음 구조조정에 관한 책이 필요하다는 얘기를 듣고 많이 망설였습니다. 기업 현장에서 오랫동안 일하면서 나 자신만의 일에 대한 철학이 있었고 구성원들을 위한 인사를 하고자 했습니다.

그러나 구조조정은 누구에게든 껄끄러운 주제이며 입 밖으로 말하기 힘든 단어이기 때문입니다. 어느 조직이든지 한 번은 구조조정을 거치게 되어 있으며, 우리가 받아들여야 할 기업의 다른 모습이기도 합니다. 어느 기업이든지 그들의 초기 모습이 있고, 성장을 하는 모습, 성숙된 모습과 쇠퇴하는 모습을 가지게 됩니다. 기업은 끊임없이 성장하기를 원합니다.

인사는 구성원들이 기업에 입사하도록 돕는 역할을 하나, 구성원들이 퇴사하는 마지막 순간까지 회사에 대해서 감사함을 느낄 수 있도록 나름의 가치를 제공해야 하는 역할을 해야 합니다. 구조조정이라는 힘든 상황에서 인사가 제공할 수 있는 가치는 무엇이 있을지에 대해서 책에 다양한 측면을 담고자 노력했습니다.

생각해보면 구조조정을 했던 초창기에는 시행착오도 많았습니다. 조직 그 자체가 재난 상황인 적도 있었습니다. 따라서 구조조정을 철저하게 준비하지 않으면 회사가 감당해야 할 것들이 너무도 많습니다. 구조조정을 진행하고, 이를 마무리하더라도 구조조정 이후 회사는 새롭게 시작한다는 각오로 임해야 합니다. 그렇지 않으면 다시 구조조정을 시작해야 할 수도 있습니다.

가장 힘든 기업 상황에서 조직을 떠나는 당신에게 회사가 무언가 해 줄 수 있는 것은 감사한 일입니다. 이 세상에는 당연한 것은 아무것도 없습니다. 떠나는 당신을 위해서 금전적인 충분한 보상을 해주면 좋습니다. 그러나 그것이 전부는 아닙니다. 이들의 기억에는 금전적인 크기도 중요하나 비금전적인 배려들이 더욱 기억에 남습니다. 배려는 디테일하며 정교한 일에서 비롯되며, 그들에게 제대로 된 일의 서비스를 전달하는 데서 시작됩니다.

보니 진 와스문드Bonnie Jean Wasmund가 한 말 중에 가장 기억이 남는 문구가 있습니다.

"사람들은 당신이 무엇을 말하고 행동했는지를 잊지만, 어떻게 대우했는지를 잊지 않는다People will forget what you said, people will forget what you did but people will never forget how you made them feel."

당신의 조직은 구조조정에 대해서 어떤 준비를 하고, 어떻게 헤어지고 계신지요?

부록

거버넌스별 대시보드

(*해당 국가들은 예시를 위해서 몇 개 나라만을 표시함)

중요 영역별 대시보드 (국가별)					
해당 국가들	한국	일본	중국	홍콩	대만
전반적인 대시보드					
전략					
법적인 조언을 구함					
나라별 전략을 세움					
PMO팀으로부터 나라별 전략에 대한 승인을 득함					
직원대표와 정보를 공유하고 필요한 자문을 함					
통지를 하고, 필요한 정부승인을 득함					
통지 날짜를 확정함					
마지막 퇴사일을 정함					
명단 관리					
명단 데이터베이스를 구축함					
국내 전략에 근거하여 나라별 명단을 준비함					
관련된 아시아태평양 본부는 명단을 검증함					
최종 명단을 가져감					
국내외 전근 사례가 있는지를 규명함					
리스크 분석을 끝냄					
비즈니스 지속성을 위한 전략을 세움					
물리적 자산과 디지털 자산을 보호하기 위한 전략을 세움					

통지 매니저					
직원에 해당되는 통지 매니저가 누구인지를 규명함					
통지 매니저와 인사팀이 교육을 받음					
통지 매니저가 통지하는 날짜를 인지하도록 함					
커뮤니케이션					
모든 리더들이 회사 메시지를 담은 통지에 대한 교육을 받음					
모든 슈퍼바이저들이 정해짐					
소통 전략을 세움					
통지하기 하루 전날에 슈퍼바이저들에게 소통함					
통지교육					
내부 요구를 반영한 교육 자료를 확정함					
교육 일정을 확정함					
내부 강사를 정함					
내부 강사들이 교육 자료를 가지고 사전에 발표를 함					
교육 일정을 정함					
교육 장소를 정함					
전직 서비스업 체와의 협업을 진행함					
통지 날짜 이전에 해당자에게 교육이 전달됨					
보상 전략					
보상 전략을 검토하고 승인함					
보상 금액을 자동 계산하는 워크시트를 준비함					
세금과 관련된 사항을 포함함					
예상 질의응답을 준비함					
통지데이					
인사팀은 통지데이가 잘 치러지도록 준비를 하고 지원함					

	한국	일본	중국	홍콩	대만
원격근무하는 직원에게 통지하는 계획을 실행함					
재택근무하는 직원에게 통지하는 계획을 실행함					
통지 매니저를 위한 팩키지를 확인함					
팩키지에 리스트, 일정, 퇴사양식, 보상시트, 질의응답, 전직 서비스 세부사항이 포함됨을 확인함					
통지하는 미팅룸이 예약됨을 확인함					
관련 대상자들에게 일정을 소통함					
현장에 전직 서비스 컨설턴트들을 대기시킴					
통지데이 하루 전에 인사와 관련 파트너들과 사전 리허설을 마무리함					

파트너별 대시보드 (국가별)					
파트너들/해당 국가들	한국	일본	중국	홍콩	대만
법무팀					
전반적으로 법적 자문을 받음					
법무팀 담당자를 지정함					
퇴사 양식을 검토하고 의견을 전달함					
전직 서비스 업체					
업체를 연결하고 해당자에게 전달할 사항을 확정함					
제반 준비사항들을 점검함					
퇴사 이후의 사후 검토 메커니즘을 확정함					
총무팀					
사무실에 대한 계획을 세우고 알림					
회사 자산과 차량들이 손상입었을 때를 대비한 계획을 세움					

구조조정

총무 관련 전반적인 준비가 완료됨을 확실시함					

전산팀

IT자산에 대한 계획을 세움					
IT장비의 회수 계획을 마무리함					
퇴사 결정이 된 직원의 경우 회사 데이터베이스와 IT서비스가 중지됨을 확실시함					
IT시스템의 보안을 점검함					

보안팀

보안 계획을 세움					
통지데이에 발생할 수 있는 일들을 대비하는 계획을 가져감					
잠재된 위협을 사전에 인식함					
적절한 인력이 투입되고 관리됨					

급여팀

급여 산정 및 지불 계획을 세움					
퇴직금 지급에 어려움이 없도록 인력을 적절히 투입함					

주요 영역 일정관리 대시보드

PMO	시작 날짜	종료 날짜
PMO를 구성함		
작업에 필요한 툴과 리포트를 개발함		
각 나라별 구조조정에 소요되는 비용을 집계하는 코드를 설정함		
파트너들과의 관계를 설정함		
인력 감축 프로그램을 개발함		

전략에 대해서 PMO 및 이해관계자들의 피드백을 반영함		
인력 감축 프로그램을 마무리함		
이슈를 자유롭게 말할 수 있도록 오픈도어 절차를 개발함		
이슈를 관리하는 로그 프로세스를 개발함		
대상자 관리		
계획된 인원과 비용 예상치를 개발함		
시나리오와 부정적인 영향 등을 분석함		
세부리스트를 준비함		
나라별 법적 검토를 마무리함		
이슈들을 정리하고 기대 사항들을 전달함		
이슈에 따른 제안 사항들을 준비함		
리스트를 마무리함		
법적 사항		
전반적인 법적인 조언들을 제공함		
인사팀은 PMO와 법무팀에 피드백을 제공함		
나라별 법적인 특이사항을 고려한 세부 전략을 개발함		
나라별 세부 전략을 확정함		
전략에 잠재된 이슈들을 반영함		
일반적인 통지 양식을 개발함		
각 나라에서 사용하는 통지 편지를 검증함		
각 나라에서 사용할 통지 양식을 확정함		
보상		
기존 보상과 복리후생제도를 점검함		
인력 감축과 관련한 보상구조를 제안함		
보상구조에 대한 필요한 승인을 득함		

구조조정

보상구조가 실행이 되도록 관련자에게 소통함		
보상이 작동하도록 필요한 툴과 프로세스를 개발함		
보상과 복리후생에 대한 이슈들을 규명함		
통지 매니저를 위한 보상·복리후생에 대한 예상질의 응답을 개발함		
퇴사 프로세스		
퇴사 이후에 도울 전직 서비스 업체를 고려함		
업체의 강점과 전반적인 사항을 고려하여 정함		
인사팀은 교육 모듈을 준비하는 데 관여함		
퇴사 프로세스를 설정함		
교육 프로그램의 세부계획을 세움		
통지 매니저를 정함		
통지 매니저와 인사팀에게 교육을 실시함		
경력 센터를 셋업하고 필요한 준비를 함		
지원 서비스를 준비함		
통지와 퇴사 프로세스를 시작함		
커뮤니케이션		
회사 메시지를 개발함		
이해관계자들에 의해서 검토됨		
커뮤니케이션 자료를 개발하고 통합함		

나라별 일정관리 대시보드		
동남아시아 지역(싱가포르,태국,말레이시아,인도네시아,베트남)	시작 날짜	종료 날짜
대상 리스트를 검증함		
통지 편지가 직원 대표에게 보내짐		
급여팀에게도 정보를 공유함		
직원 대표와 대면으로 만남		
통지를 위한 미팅룸을 준비함		
검증을 마무리함		
통지 매니저를 정함		
임원과의 미팅을 마련함		
이슈를 관리하는 로그 프로세스를 개발함		
인사 계획 세션을 가짐		
통지교육에 대한 초대장을 보냄		
미팅룸이 예약됨		
전직 서비스 업체의 내용을 검증함		
최종 대상자를 정함		
리스트에서의 변경을 검증함		
인사팀을 위한 통지 교육을 실시함		
통지 매니저를 위한 통지교육을 실시함		
통지레터, 퇴직금 지급, 체크리스트를 포함한 패키지를 준비함		
수퍼바이저를 위한 정보 세션을 가짐		
통지를 시작함		
전직 서비스 지원센터를 운영함		
해당자들이 퇴사함		
직원과 정보 브리핑 세션을 가짐		

구조조정

전직 서비스 활동을 시작함		
한국 지역		
소통 자료를 준비함		
전반적으로 법적인 검토를 마침		
각 기능별로 검토를 마침.		
소통 자료와 프로세스에 대한 점검을 마침		
퇴직 위로금 및 패키지에 대한 승인을 득함		
리더십팀과의 연계 및 필요한 정보의 공유		
직원 대표와 소통을 진행함		
통지 매니저를 정함		
통지 매니저를 위한 통지교육을 실시함		
비즈니스와 기능본부별로 해당되는 리스트를 받음		
리스트를 PMO팀에게 제공함		
전 직원 대상으로 인력 감축을 공지함		
대상자 후보군들과 소통을 진행함		
대상자들로부터 지원 신청서를 받음		
필요하다면 대상자들과 자세한 소통시간을 가짐		
퇴사에 대한 협약서를 받고 마무리함		
대상자에 대한 퇴사 프로세스를 진행함		
전직 서비스 업체와 경력 센터에 대상자들의 참여를 확실시함		
호주, 뉴질랜드 지역		
커뮤니케이션 계획을 개발함		
PMO 혹은 본부로부터 승인을 득함		
사업부 혹은 사업그룹별 분석을 진행함		
선발 프로세스와 기준에 따라서 매니저를 교육함		

	선발 프로세스를 수행함		
	위험도와 부정적인 영향력을 측정하고 분석함		
	퇴사 시점의 급여를 계산함		
	보상금액을 계산함		
	통지 교육을 실시함		
	통지 회의에 대한 일정을 잡음		
	통지 회의를 시작함		
	통지를 실시함		
	호주와 뉴질랜드 해당자들의 퇴사를 지원함		
	퇴사자와의 소통을 진행함		
대만지역			
	전략에 대한 승인을 PMO로부터 득함		
	내부적으로 리스트를 준비함		
	경영층과 차이에 대해서 검토를 마무리함		
	통지 매니저를 정함		
	국내 요구에 맞도록 통지 자료를 가져감		
	교육 장소를 마련함		
	인사팀과 통지 매니저를 교육함		
	소통 전략을 확정함		
	보상 패키지에 대한 승인을 마무리함		
	통지데이를 준비함		
	통지 미팅을 시작함		
	해당자에게 통지를 함		
	해당자의 퇴사 절차를 실시함		
중국지역			

구조조정

인력 감축에 대한 전략을 세움		
선발 옵션을 정함		
소통 계획을 개발함		
대상자 리스트를 마무리함		
통지 매니저를 선정하고 온사이트 지원을 함		
통지 매니저와 인사를 교육함		
직속 슈퍼바이저에게 소통을 함		
통지를 시작함		
통지 기간을 가져감		
전사적인 소통 이벤트를 준비함		
퇴사 이전에 법적인 검토를 거치고 마무리함		
대상자의 퇴사를 처리함		
홍콩지역		
법무팀 검토를 거쳐서 전략을 승인받음		
대상자에 대한 검토를 함		
경영층과 차이에 대해서 검토를 함		
통지 매니저를 정함		
교육 장소를 준비함		
인사와 통지 매니저를 교육함		
소통 전략을 확정함		
보상 패키지에 대한 승인을 득하고 마무리함		
통지데이에 대한 준비를 함		
통지 미팅을 시작함		
해당자에게 통지를 함		
직원의 퇴사를 도움		

참고문헌

국내문헌

- 강우란·이재원·이상우(2003.10). 인력구조조정의 부작용과 극복방안. CEO 인포메이션, 423호. 삼성경제연구소
- 김왕배·이경용(2004). 기업구조조정에 대한 인식과 생존자의 직무태도. 사회발전연구 10. 31-53
- 김윤권·최순영(2009.9). 인력 감축의 효과분석과 사후관리방안. KIPA 연구보고서. 251-390
- 김정교·김아현.(2020). 기업수명주기와 구조조정. 디지털융복합연구 18(6). 217-223
- 김정교·차정화.(2017). 기업 구조조정이 기업성과에 미친 영향: 사업구조조정을 중심으로. 한국회계정보학회학술대회발표집 1. 343-370
- 김종년·김성표·서지용(2001.7). 구조조정에 성공한 기업들. CEO 인포메이션 303호. 삼성경제연구소
- 류진국.(1998). 기업의 생존을 위한 구조조정전략. 진한도서
- 박번순.(2000). 동남아기업의 위기와 구조조정=(The) crisis and restructuring of Southeast Asian corporations. 삼성경제연구소
- 박상인.(2020.12). 코로나19와 산업구조조정: 항공산업과 자동차산업을 중심으로. 노동연구 제41집. 41-71
- 박중구.(2001). 구조조정의 다양화와 워크셰어링. 산업연구원
- 방하남·어수봉·유규창·이상민·하갑래.(2012.5). 기업의 정년실태와 퇴직관리에 관한 연구. 한국노동연구원 연구보고서. 238-246
- 비나이 쿠토·존플랜스키·데니즈 카글라.(2018). 지속성장을 위한 체질 개선: 전략적 원가절감 및 구조조정을 위한 안내서. 한울엠플러스

- 안관영(2003). 인력 감축에 따른 잔류종업원의 반응에 대한 고찰. 경영교육연구 29. 29-51

- 오오무라다이지로.(2010). 상시구조조정 시대에 살아남는 지혜: 정년 완주와 구조조정의 분기점 분석과 실례. 찬북스

- 오카다 쇼이치.(2000). 회사에 기대지 말고 최대한 이용하라. 조선일보사

- 유길상·김동헌·성재민·박혁. (2005.4). 조직재취업수당의 효율성 평가. 한국노동연구원 연구보고서. 194-205

- 유봉식·유병남.(2006). 성과지향적 다운사이징을 위한 전략로드맵에 관한 실증적 연구. 상업교육연구 13. 389-419

- 이경재·이선기.(2022.5). 구조조정에 관한 가족기업의 변화하는 전략적 성향. 한국경영학회 26(2). 127-152

- 이주호·이승길.(2017.8). 구조조정시대에 희망퇴직의 운용에 대한 법적소고. 아주법학 11(2). 240-266

- 정광일.(2011). 회사의 속마음: 직장인은 절대 모르는 연봉협상, 승진, 해고, 구조조정에 얽힌 비밀. 랜덤하우스코리아

- 정동섭·박지근·배종석.(2003). 아웃플레이스먼트 프로그램의 구성과 효과에 대한 연구: K은행의 사례를 중심으로. 한국인사.조직학회발표논문집. 445-465

외국문헌

- Reichert, A.R. & Tauchmann, H. (2017). Workforce reduction, subjective job insecurity, and mental health. *Journal of Economic Behavior & Organization*, 133, 187–212.

- Ayling, R. (1997). *The downsizing of America*. Commack, NY: Nova Science Publishers, Inc., 205 pages.

- Bentley, F.S., Kehoe, R.R. & Chung, H.(2021). Invensting for keeps:Firm's prepandemic investments in human capital decreased workforce reductions associated with COVID-19 financial pressures. *Journal of applied psychology*, 106(12), 1785-1804

- Brockner, J. (1992, Winter). Managing the effects of layoffs on others. *California Management Review*, pp. 9-27

- Brockner, J., DeWitt, R., Grover, S., & Reed, T. (1990). When it is especially important to explain why: Factors affecting the relationship between managers' explanations of a layoff and survivors' reactions to the layoff. *Journal of Experimental Social Psychology*, 26, 389-407.

- Brockner, J., Grover, S., Reed, T., DeWitt, R., & O'Malley, M. (1987). Survivors' reactions to layoffs: We get by with a little help from our friends. *Administrative Science Quarterly*, 32, 526-541

- Brockner, J., Konovsky, M., Cooper-Schneider, R., Folger, R., Martin, C., & Bies, R. (1994). Interactive effects of procedural justice and outcome negativity on victims and survivors of job loss. *Academy of Management Journal*, 37(2), 397-409.

- Brockner, J., Wiesenfeld, B., Reed, T., Grover, S., & Martin, C. (1993). Interactive effect of job content and context on the reactions of layoff survivors. *Journal of Personality and Social Psychology*, 64(2), 187-197.

- Cameron, K. S. (1998). Strategic organizational downsizing: An extreme case. *Research in Organizational Behavior*, 20, 185-229. Greenwich, CT: JAI Press.

- Cameron, K. S., Freeman, S. J., & Mishra, A. K. (1991). Best practices in white-collar downsizing: Managing contradictions. *Academics of Management*, 5(3), 57-72

- Caplan, G., & Teese, M. (1997). *Survivors: How to keep your best people on board after downsizing*. Palo Alto, CA: Davies-Black Publishing, 288 pages.

- Cascio, W. (1993). Downsizing: What do we know? What have we learned? *Academy of Management Executive*, 7(1), 95-104.

- Caudron, S. (1996, January). Teach downsizing survivors how to thrive. *Personnel Journal*, 75(1), 38-48.

- Downs, A. (1995). *Corporate executions: The ugly truth about layoffs—how corporate greed is shattering lives, companies, and communities*. New York: AMACOM, 224 pages

- Feldman, D. C., & Leana, C. R. (1994). Better practices in managing layoffs. *Human Resources Management*, 33(2), 239-260.

- Francis, J., Mohr, J., & Andersen, K. (1992). HR balancing: Alternative downsizing. *Personnel Journal*, 71(1), 71-78

- Freeman, S. J. (1994). Organizational downsizing as convergence or reorientation: Implications for human resource management. *Human Resources Management*, 33(2), 213-218.

- Geisler, E. (1997). *Managing the aftermath of radical corporate change: Reengineering, restructuring, and reinvention*. Westport, CT: Quorum Books, 240 pages.
- Gilmore, T., & Hirschorn, L. (1983). Management challenges under conditions of retrenchment. *Human Resources Management*, 22(4), 341-357.
- Greengard, S. (1993, November). Don't rush downsizing: Plan, plan, plan. *Personnel Journal*, 72(11), 64-76.
- Greenhalgh, L. (1983). Managing the job insecurity crisis. *Human Resources Management*, 22(4), 431-444.
- Greenhalgh, L., McKersie, R. B., & Gilkey, R. W. (1986). Rebalancing the workforce at IBM: A case study of redeployment and revitalization. *Organizational Dynamics*, 14(4), 30-47.
- Gurin, L. (1998). Bouncing back from downsizing. *The Journal for Quality and Participation*, 21(5), 24-29.
- Hamel, G., & Prahalad, C. K. (1994, July-August). Competing for the future. *Harvard Business Review*, pp. 122-128.
- Heenan, D. A. (1989, November-December). The downside of downsizing. *The Journal of Business Strategy*, pp. 18-23.
- Hirschorn, L. (1983, Summer). Managing rumors during retrenchment. *S.A.M. Advanced Management Journal*, pp. 4-11.
- Hitt, M. A., Keats, B. W., Harback, H. F., & Nixon, R. D. (1994). Rightsizing: Building and maintaining strategic leadership and long-term competitiveness. *Organizational Dynamics*, 23(2), 18-32
- Iverson, L., & Sabroe, S. (1988). Psychological well-being among unemployed and employed people after a company shutdown: A longitudinal study. *Journal of Social Issues*, 44(4), 141-152.
- Johnson, P. R., & Indvik, J. (1994). Workplace violence: An issue of the nineties. *Public Personnel Management*, 23(4), 515-523.
- Keidel, R. (1994). Rethinking organizational design. *Academy of Management Executive*, 8(4), 12-30
- Kets de Vries, M. F. R., & Balazs, K. (1997). The downside of downsizing. *Human Relations*, 50(1), 11-50.

- Knowdell, R. L., Brunstead, E., & Moravec, M. (1994). *From downsizing to recovery: Strategic transition options for organizations and individuals.* Palo Alto, CA: CPP Books, 240 pages
- Kochanski, J., & Randall, P. M. (1994). Rearchitecting the human resources function at Northern Telecom. *Human Resources Management,* 33(2), 299-315.
- Marks, M. L. (1994). *From turmoil to triumph: New life after mergers, acquisitions, and downsizing.* New York: Lexington Books, 340 pages
- McKinley, W., & Mone, M. A. (1998). Some ideological foundations of organizational downsizing. *Journal of Management Inquiry,* 7(3), 198-212.
- Miller, M. V., & Robinson, C. (1994). Managing the disappointment of job termination: Outplacement as a cooling-out device. *Journal of Applied Behavioral Science,* 30(1), 5-21
- Mishra, A. K., & Mishra, K. E. (1994). The role of mutual trust in effective downsizing strategies. *Human Resources Management,* 33(2), 261-279.
- Mishra, A. K., & Spreitzer, G. M. (1998). Explaining how survivors respond to downsizing: The roles of trust, empowerment, justice, and work redesign. *Academy of Management Review,* 23(3), 567-589.
- Mishra, K. E., Spreitzer, G. M., & Mishra, A. K. (1998, Winter). Preserving employee morale during downsizing. *Sloan Management Review,* 39(2), 83-95
- Noer, D. (1993). *Healing the wounds: Overcoming the trauma of layoffs and revitalizing downsized organizations.* San Francisco: Jossey-Bass, 248 pages.
- O'Reilly, B. (1994, June 13). The new deal: What companies and employees owe one another. *Fortune,* pp. 44-52.
- Parkhouse, G. C. (1988, January-February). Inside outplacement: My search for a job. *Harvard Business Review,* 66(1), 66-73
- Reynaud, B. (2013). Workforce reduction and firm performance:evidence from french firm data(1994-2000), *Socio-Economic Review,* 11(4), 711-737
- Rudolph, B. (1998). *Disconnected: How six people from AT&T discovered the new meaning of work in downsized corporate America.* New York: The Free Press, 224 pages.
- Smeltzer, L. R., & Zener, M. F. (1992). Development of a model for announcing major layoffs. *Group and Organizational Management,* 17(4), 446-472.

- Stoner, C. R., & Hartman, R. I. (1997). Organization therapy: Building survivor health and competitiveness. *S.A.M. Advanced Management Journal*, 62(3), 25-31.
- Sutton, R. I., Eisenhardt, K. M., & Jucker, J. V. (1985). Managing organizational decline: Lessons from Atari. *Organizational Dynamics*, 14, 17-29.
- Tornow, W. W. (1988, October). Contract redesign. *Personnel Administrator*, pp. 97-101.
- Tylczak, L. (1991). *Downsizing without disaster: A thoughtful approach to planned workforce reduction*. Los Altos, CA: Crisp Publications, Inc., 75 pages.
- Waraich, S.B. & Bhardwaj, G. (2010, July). Workforce Reduction & HR Competencies: An Exploratory Study, *The Indian Journal of Industrial Relations*, 46(1), 100-111
- Wong, L., & McNally, J. (1994). Downsizing the Army: Some policy implications affecting the survivors. *Armed Forces and Society*, 20(2), 199-216.

참고 사이트들

- https://en.wikipedia.org/wiki/
- https://www.mybenefits.benefits.ml.com/
- https://www.td.org/td-magazine
- https://www.amanet.org/
- https://hbr.org/
- https://www2.deloitte.com/
- https://hrforecast.com/
- https://edition.cnn.com/
- https://www.shrm.org/
- https://www.sciencedirect.com/
- https://www.forbes.com/
- https://hrexecutive.com/
- https://www.businessupturn.com/
- https://www.researchgate.net/
- https://time.com/

- https://www.reuters.com/
- https://www.mercurynews.com/
- https://www.cnbc.com/
- https://www.businesstoday.in/
- https://www.usatoday.com/
- https://www.bloomberg.com/
- https://hr.uw.edu/ops/workforce-reduction-strategies/
- https://www.emerald.com/
- https://www.aihr.com/
- https://www.academia.edu/
- https://papers.ssrn.com/
- https://mitsloan.mit.edu/
- https://empowerhr.com
- https://www.canada.ca
- https://www.commerce.gov/hr
- https://www.livgov.com/administration
- https://www.purdue.edu/hr
- https://iveybusinessjournal.com
- https://www.workhuman.com
- https://www.congress.gov
- https://workforce.com
- https://www.theemployerreport.com/2023
- https://www.infoworld.com
- https://fortune.com
- https://timesofindia.indiatimes.com
- https://www.businesswire.com
- https://www.insuranceinsider.com
- https://www.keri.org
- https://samsungsgr.com
- https://www.seripro.org
- https://www.kli.re.kr

구조조정

- https://eiec.kdi.re.kr
- https://www.kotra.or.kr
- https://www.law.go.kr
- https://www.pwc.com
- http://www.kcmi.re.kr
- https://policy.nl.go.kr
- http://www.investchosun.com
- https://www.lgbr.co.kr
- https://www.ftc.go.kr

구조조정
지금 우리 헤어지는 중입니다

초판 1쇄 인쇄 2023년 8월 10일
초판 1쇄 발행 2023년 8월 18일

지은이 최영미
펴낸이 최익성

편집 정대망, 윤소연
디자인 박은진
마케팅총괄 임동건
마케팅지원 안보라
경영지원 임정혁, 이지원
펴낸곳 플랜비디자인

출판등록 제2016-000001호
주소 경기도 화성시 영천동 283-1 A동 3210호
전화 031-8050-0508
팩스 02-2179-8994
이메일 planbdesigncompany@gmail.com

ISBN 979-11-6832-069-7 (03320)